Hayvanlar Dünyasından Düşündüren Öyküler

Oğuz Saygın

KARMA
Kitaplar

Hayvanlar Dünyasından
Düşündüren Öyküler
Oğuz Saygın

Genel Yayın Yönetmeni
Kamuran Güneri

Editör
Gürbüz Ünal

İç Tasarım
Ahmet Yanar

Kapak Tasarım
Yusuf Balcı

Baskı-Cilt
Özener Matbaacılık
Davutpaşa Cad. Kale İş Merkezi
No: 201-204 Zeytinburnu/İst.
Tel: +90 212 481 97 88

İstanbul, 2014

KARMA KİTAPLAR
Sertifika No: 16295
Güneşli Evren Mh. Ceylan Sk. No: 34/C Bağcılar/İstanbul
Tel: +90 212 445 15 40 Faks: +90 212 446 35 60
www.karmakitaplar.com / karmakitaplar.as@gmail.com

© Bu eserin her hakkı saklıdır. Yayınevinin izni olmadan kopyalanamaz ve çoğaltılamaz.

Kitabımı;

Bana masalları ve öyküleri sevdiren
Rahmetli anneme ithaf ediyorum.

Teşekkür

Sınırsız sevgileri ve anlayışları için; eşim Ayşe'ye, çocuklarım Ekrem ile Merve'ye,

Kitabın yazımında yanımda olan Tuğçe Doğansel'e,

İlginç fikirleriyle kitaba renk katan Alamettin Ertok'a,

Kitabın düzenlenmesinde büyük emeği geçen Derya Eşme'ye

Öyküleri tek tek gözden geçiren Mehmet Kocagöz Hocam'a,

Karikatürleriyle kitaba can katan Serhan Soner Çağlayan'a,

Ve bütün Karma Kitaplar çalışanlarına,

Çok teşekkür ederim.

İyi ki varsınız.

İÇİNDEKİLER

Teşekkür 4
Önsöz 9

I. BÖLÜM
ETKİLİ İLETİŞİM

Etkili İletişim 13
Yolda Tutulan At 14
Amca Diyen Papağan 16
Kahrolsun Kral 18
Kaplan ve Ailesi 20
Evde Bekleyen Aslan 22
Padişahın Atı 24
Ormanda Yaşayan Bilge 26
Anne Kedi 28
Sirkteki Maymun 30
Uçmayı Öğrenen Yavru Kartal 32

II. BÖLÜM
BAKIŞ AÇISI VE ÖN YARGILAR

Bakış Açısı ve Ön Yargılar 37
Evcilleşen Gelincik 39
Timsahın Gözyaşları ve Sırtlanın Gülüşü 41

Karınca Kito 43
Hoca ile Çoban 45
Boynuzlar ve Akıl 47
Vahşi Atlar 49
Kanguru 52
Fil Nedir? 54
Eğitim ve Asalet 56

III. BÖLÜM
YAŞADIKLARIMIZIN FARKINDA OLMAK

Yaşadıklarımızın Farkında Olmak 61
Dolap Beygiri 63
Kızılderili ve İki Köpeği 65
Mutluluğu Arayan Kedi 67
Yengeç Sepeti 69
Isınan Su ve Kurbağalar 71
Japon ve Amerikalı 73
Çikolata ve Yılan 75
Affet Ama Unutma 77
Cırcır Böceği 79
Ekolojik Denge 81
Kuyruğunu Dik Tutan Fare 83
Denizyıldızı 85

IV. BÖLÜM
HEDEF BELİRLEME VE SONUÇ ALMA

Hedef Belirleme Ve Sonuç Alma 89

Krema Kabındaki Kurbağalar 90
Ağaca Tırmanan Kurbağalar 91
Evrensel Bilgiye Ulaşmak 93
Zümrüdüanka Kuşu 95
Kartal ve Tavuk 97
Karıncanın Diyeti 99
Korkak Tavşan 101
Kuyuya Düşen Yaşlı Eşek 103
Dikkat ve Kararlılık 105
Sabrın Sonu 107
Pumanın Koşusu 109
Havuzdaki Köpekbalığı 111

V. BÖLÜM
ÖĞRENİLMİŞ ÇARESİZLİK

Öğrenilmiş Çaresizlik 115
Güçsüz Fil 116
Zıplayamayan Pireler 118
Aç Kalan Pirana 120
Sardalyeler 122
Aerodinamik 123
Tırtıllar 125
Afrika'da Maymun Avı 126
Sürü Psikolojisi 128
Umutlar Tükenince 130
Hayvanat Bahçesindeki Deve 131

İpek Böcekleri 133
Beş maymun Hikâyesi 135

VI. BÖLÜM
LİDERLİK VE TAKIM RUHU

Liderlik ve Takım Ruhu 139
Kervan 140
Birlikten Kuvvet Doğar 142
Kaplanların Toplantısı 144
Kral Maymun 146
Azmin Zaferi 148
Tehlikeli Olanlar ve Zararsızlar 150
Aslan Payı 152
Kuyrukları Bağlı Dört Fare 155
Yaban Kazlarının Göç Stratejileri 157

Önsöz

Çocukluğum hep annemden dinlediğim masal ve öykülerle geçti. Annem onları bana öyle bir anlatırdı ki bütün öykü ve masallar hep gözümde canlanırdı. Ayrıca annemin bana okumam için sürekli kitaplar alması ve onları okuduktan sonra kitapların ana fikrini anneme anlatmam kendimi ifade etmemi sağladı.

İlkokulda hep öyküler anlatır ve şiirler okurdum. 6. sınıftayken çok değerli bir Türkçe öğretmeni karşıma çıktı. Muharrem Tekdal hocamız bizlere her ders kişisel gelişim öyküleri okur ve bizleri kitap okumaya teşvik ederdi.

Muharrem Hoca her derse gelişinde o zamanların tek kişisel gelişim serisi olan Dale Carnegie'nin *"Söz Söylemek ve İş Başarmak Sanat"*ı ile *"Dost Kazanmak Sanatı"* adlı kitaplardan bölümler okurdu.

Bu iki insan bana öykü dinlemeyi, öykü anlatmayı ve hayaller kurmayı öğretti.

Daha o yıllarda Kişisel Gelişim aşkı tüm ruhumu sardı ve Dale Carnegie gibi bir kişisel gelişim uzmanı olabilir miyim? diye düşünmeye başladım.

Uzun yıllardır Kişisel Gelişimi insanlara sevdirmek için elimden geleni yapıyorum. Çünkü ben insanların içindeki büyük güce inanıyorum.

Verdiğim seminerlerle 1 milyonun üstünde insana ulaştım. Her seminerimde bir parça insanların hayatına dokundum. Ancak 7'den

70'e herkesin izlediği bu seminerlerimde en çok ilgiyi anlattığım öyküler çekiyordu. Seminerime katılanlar bu öyküleri bir kitapta toplamam hususunda beni teşvik ettiler. Böylece elinizde tuttuğunuz bu kitap çıktı.

Kitabımın anne babalara, öğretmenlere, gençlere ve kendini geliştirmek isteyen herkese yeni ufuklar açacağını umuyorum.

Kitabı okuyanlar hem öğrenecekler hem eğlenecekler hem de düşünecekler.

En büyük amacım kitabımın okullarda yardımcı bir ders kitabı gibi okutulması.

Bu konuda siz sevgili okurlarımın destek ve önerilerini bekliyorum.

I. BÖLÜM

ETKİLİ İLETİŞİM

ETKİLİ İLETİŞİM

Gerek iş hayatında, gerek özel hayatımızda, hatta kendimizle olan iletişimimizde mutluluk büyük ölçüde iyi ilişkiler kurabilme yeteneğimize bağlıdır.

Herkes çok iyi bir iletişim ustası olamasa da en azından çevresiyle olan ilişkilerinde, bazı bilgileri öğrenerek, iletişimde çatışmalar yaşamadan, hayatını "mutlu" bir şekilde sürdürebilir.

İnsanlar arasındaki sürtüşmeler, genellikle kişiler arasındaki farklılıklardan kaynaklanmaktadır.

İnsanların kendi kişiliklerini daha iyi tanıyıp anlamaları ve etraflarındaki bireylerle iyi iletişimde bulunmaları sonucunda toplum, maddi ve manevi anlamda pozitif değerler kazanacaktır.

Unutmayalım ki toplum, bir zincire benzer. Bir zincir, halkasının en zayıf olduğu yerden kopar. Zincirin kopmaması için onu oluşturan her halkanın sapasağlam, güçlü ve mükemmel olması gerekir.

Yolda Tutulan At

Bir gün bir çiftçiyle oğlu çiftlikte günlük işlerini yaparken sahipsiz bir at çıkagelmiş. Adam atın üstünde herhangi bir damga görememiş. Atın kime ait olduğunu, hangi çiftlikten gelmiş olabileceğini bilmiyorlarmış.

Çiftçi ve oğlu bu sahipsiz atın kime ait olduğunu bulabilmek için atı önlerine katmışlar. At kendi başına bir yoldan gitmeye başlamış. Onlar da kendi atlarıyla atı takip etmeye başlamışlar.

Sonra yandaki gölü görmüş ve su içmek için yoldan çıkmış. Su içmeyi bitirince çiftçi onu tekrar yola çıkarmış. Bir süre daha gittikten sonra bu sefer atın karnı acıkmış ve çimenlik bir yere girmiş. Karnı doyunca çiftçi onu tekrar yola çıkarmış.

Bu şekilde at birkaç kez daha yoldan çıkmış. Her seferinde çiftçi onu yola çıkarmış. Sonunda akşamüstü bir çiftliğe gelmişler.

Çiftliğin sahibi yanlarına gelmiş ve şaşkınlıkla şöyle demiş:

"Bu benim atım. İnanamıyorum. Peki, bu atın bana ait olduğunu nasıl anladınız?"

Atı getiren çiftçi, atın sahibine şöyle demiş:

"Ben bulmadım. At kendisi buldu. Benim tek yaptığım onu yolunda tutmaktı."

Çocuklarımızın veya birlikte çalıştığımız insanların hedeflerine ulaşmalarını önleyen en büyük engel, sürekli bizim onlara karışmamız ve onların yerine kararlar vermemizdir.

Yapmamız gereken onlara güvenmek, sorumluluk üstlenmelerini sağlamak ve doğru yolu göstermektir.

Bundan sonrası tamamen onların sorumluluğunda olmalıdır.

Çocuklarınızı kolundan tutmayın, yolda tutun.

Amca Diyen Papağan

Günlerden bir gün bir adam kendisine bir papağan almak istemiş. Çarşıya giderek güzel bir papağan beğenmiş ve alıp eve getirmiş. Papağana konuşmayı öğretmeye başlamış. Adam papağanın kendisine "amca" demesini istiyormuş. Ne kadar uğraştıysa da papağana tek kelime öğretememiş.

Günlerce uğraştıktan sonra papağana hiçbir şey öğretemeyen adam sinirlenerek papağanı eline almış ve bir tüyünü kopararak, "Amca de bakayım" demiş.

Papağandan yine ses çıkmayınca adam daha fazla sinirlenerek, "Amca de bakayım" diyerek papağanın tüylerini tek tek yolmaya başlamış.

Kendisine "amca" dedirtebilmek için Papağanda tüy kalmayıncaya kadar tüylerini yolmaya devam etmiş. En sonunda bakmış ki papağan konuşmayacak papağanı tavukların kümesine atmış. Sabaha karşı kümesten gürültüler gelmeye başlamış. Kümesin yanına giden adam bir de ne görsün, papağan bir tavuğun üzerine çıkmış ve tavuğun tüylerini tek tek yolarak her seferinde, "Amca de bakayım, amca de bakayım..." diye tekrarlıyormuş.

Bir insana bir şeyler öğretmek istiyorsak çok sabırlı ve esnek olmalıyız.

Öğrenme kişinin bunu istemesi ve kendisine bu bilgiyi veren kişiyi sevmesiyle mümkündür.

Öğrenme sırasındaki olumsuz davranışlar, kişinin bilgiyi öğrenememesine neden olacağı gibi, bu davranışı aynen modellemesine de sebep olabilir.

Sizin ne öğrettiğinizden çok, karşınızdakinin ne aldığı önemlidir.

Kahrolsun Kral

Ülkenin birinde kralın askerleri evleri tek tek dolaşarak kontrol ediyorlarmış. Bir köylünün evine girdiklerinde köylünün papağanı askerlerin yanında "Kahrolsun kral" deyince askerler sinirlenerek:

"Sana iki hafta mühlet. Ya bu papağana doğru dürüst bir şeyler söylemeyi öğretirsin ya da akıbetin kötü olur" demişler.

Kara kara düşünen köylü, bir müddet sonra köyün kilisesine giderek rahibe derdini anlatmış. Bunun üzerine rahip:

"Hiç üzülme, benim papağanımla senin papağanını değiştirirsek hiçbir sorun kalmaz" demiş.

İki hafta sonra askerler köylünün evine gelmişler ve papağanın yanına gitmişler, ancak papağan hiç konuşmuyormuş.

Bunun üzerine askerlerden biri papağanın tekrarlayacağını düşünerek, "Kahrolsun kral, kahrolsun kral" deyince papağan kafasını kaldırıp şöyle demiş: "Allah dualarınızı kabul etsin efendim".

Kişiler hangi çevrede yaşamışlarsa o çevrenin örf ve âdetlerinden etkilenirler.

Çevreden öğrendikleri o kişinin düşüncelerini, duygularını, inançlarını ve kişiliğini etkiler.

Bu yüzden çocuklarımızın iyi çevrelerde ve iyi insanlarla birlikte olmasına çok dikkat etmeliyiz.

Su bulunduğu kabın şeklini alır.

Kaplan ve Ailesi

Bir ormanda kaplan ailesi yaşamaktadır. Bir gün bu ailenin bir yavrusu olur. Baba kaplan bu duruma çok sevinir ve dişi kaplana:

"Bizim oğlan bir kahraman olacak" der.

Yavru biraz büyüdüğünde anne kaplan babayı memnun etmek için avladığı avı yavrusuna verip, onu babasına göstermesini ister. Baba bunu görünce sevinir ve, "Benim yavrum bir kahraman oldu" der.

Anne kaplan babanın sevincini görünce bunu her gün yapmaya karar verir.

Derken günlerden bir gün baba kaplan ölür ve anne kaplan yavrusundan avlanmasını ister. Ancak yavru, annesine:

"Anne sen bana avlanmayı öğretmedin ki? Ben nasıl avlanırım?" der.

Anne yavruya hak verir ve avlanmaya devam eder. Bu durum böyle devam ederken bir gün anne kaplan da ölür. Yavru kaplan çok şaşırır, ne yapacağını bilemez ve ormandaki kurtların, tilkilerin ve çakalların artıklarıyla karnını doyurmaya başlar.

Böylece yavru kaplan hayatının sonuna kadar ormandaki hayvanların alay ettiği bir kaplan olarak hayatını sürdürür.

Çocuklarımıza küçük yaşlardan itibaren sorumluluk vermeliyiz. İlerlemelerini engelleyecek şekilde onlara kol kanat germek, onların gelecekte hiçbir şey yapamamasına sebep olabilir.

Yapmamız gereken, küçük sorumluluklar vererek, onları büyük sorumluluklara hazırlamaktır.

Yani balık vermek yerine, onlara balık tutmayı öğretmeliyiz.

Bir gün rahat etmek istiyorsanız sizden yiyecek bekleyenlere balık verin. Ömür boyu rahat etmek istiyorsanız onlara balık tutmayı öğretin.

Evde Bekleyen Aslan

Bir gün aslan hızlı adımlarla yolda giderken bir öküze rastlar.
Öküz aslana,
"Hayırdır, böyle telaşlı telaşlı nereye gidiyorsun?" diye sorar.
Aslan cevaplar:
"Eve gidiyorum."
Öküz aslanın telaşına bir anlam veremez ve aslana takılmaya başlar:

"Ne o aslan kardeş, yoksa hanımından mı korkuyorsun? Bak ben hiç korkuyor muyum?"

Aslan cevabı yapıştırır:

"Tabii korkmazsın, çünkü seni evde bir inek bekliyor; ama beni dişi bir aslan bekliyor."

Mutlu ve huzurlu aileleri incelediğimizde hepsinde görülen en önemli özellik, aile reisi olan erkeğin eşine ve çocuklarına olan bağlılığıdır.

İşten çıkınca bir an önce evine gitmek isteyen ya da evine gittiğinde ev işlerinde eşine yardım etmeye çalışan erkekler, istediği saatte evine giden ve evine gidince hiçbir şeye elini sürmeyen erkekler tarafından yadırganmaktadırlar. Ancak evine bağlı kişilerin aileleri daha mutlu olurken, bu konuyu fazla önemsemeyen kişilerin ailelerinde mutluluğu yakalamaları daha güç olmaktadır.

Hayatın müşterek olduğunu unutmadan ailemizle nitelikli bir beraberliği paylaşmalı ve mutluluğu evimizde aramalıyız.

Mutluluk denen değerli elması dünyanın dört *bir* yerinde arayanlar bulamazken evlerinde arayanlar ederinde buldular.

Padişahın Atı

Padişahın birine çok güzel bir at hediye edilmiş. Padişah hediye edilen bu atı çok sevmiş ve veziri yanına çağırarak ona, "Bak vezir, bu atı sana emanet ediyorum. Bunun sorumluluğunu sana veriyorum. Kime ne görev verirsen ver, atıma çok iyi bak. Sakın ha bana at öldü diye gelmeyesin" demiş ve atı vezire teslim etmiş.

Vezir önce biraz korkmuş ama ata bakmaya başlamış. Birkaç ay sonra bir gece at ölmüş.

Vezir başını elleri arasına almış, kara kara düşünmekteymiş. O sırada yanına sarayın şaklabanı gelmiş ve vezire neden bu kadar üzgün olduğunu sormuş. Vezir de ona durumu anlatmış.

"Merak etme" demiş şaklaban, "Ben bu işi halledebilirim".

Vezir, "Nasıl halledersin" diye sorunca, "Haydi gel, padişahın huzuruna çıkalım ve nasıl halledeceğimi göstereyim" demiş şaklaban.

İkisi birlikte padişahın huzuruna çıkmışlar. Şaklaban padişaha şöyle demiş:

"Kıymetli padişahım, siz vezirinize bir at vermiştiniz ya, işte o at yere yattı kalkmıyor."

Padişah, "Ee" demiş, "Başka ne oldu?". "Gözlerini kapattı açmıyor." "Eee..."

"Nefes de almıyor padişahım."

Padişah, "Desene sen, bizim at öldü" demiş.

Şaklaban, "Vallahi padişahım bunu siz söylediniz, ben öldü falan demedim" demiş ve veziri kurtarmış.

Bir sözü söylemekten söylemeye fark vardır.

Bazen söylenen bir söz başımıza büyük dertler açarken bazen da yolumuzu açan bir ışık olabilir.

Yunus Emre'nin dediği gibi:

Söz ola kese savaşı,

Söz ola kestire başı,

Söz ola ağulu aşı,

Bal ile yağ ede bir söz...

Kullandığımız kelimeler ve bunları kullanma biçimimiz bir konudaki başarımızı ya da başarısızlığımızı etkiler.

Ormanda Yaşayan Bilge

Ormanın kenarında yaşayan bir büyük bilge varmış. Bu bilge gösterdiği kerametleri ile ünlüymüş. İnsanlar ona gelip fikir danışırlarmış.

Yine bir gün üç kişi çok uzak yollardan, ona fikir danışmak üzere gelmişler. Bilge kişi evde yokmuş, kapıyı karısı açmış ve misafirleri içeri buyur etmeden daha kapıdan kovalamış.

Bu kadar uzak yoldan gelen insanlar, bu tavır karşısında şok olmuşlar ve çok üzülmüşler. Tam geri dönerlerken yolda bilgeyle karşılaşmışlar. Bilge, ormandan kestiği odunları bir aslanın sırtına yüklemiş, evine doğru yol alıyormuş. Adamlar Bilge'ye olanları anlatıp anlatmamak konusunda tereddüt içerisindelermiş. Onlar daha bilgeye bir şey demeden, bilge onlara şöyle demiş:

"Biz evdeki aslana sabrediyoruz, Allah da bize buradaki aslanı hizmetçi kılıyor. "

Aile hayatında mutlu olmanın ilk şartı sabır ve anlayıştır.

Eşler birbirlerini anlamak için kendilerini karşı tarafın yerine koymaları gerekir.

Evlilik iki kişinin birer ucundan tuttuğu ince bir iplik gibidir. Biri çekince diğeri ipi gevşek bırakmalıdır. Uzun süren mutlu evliliklerin temeli ancak böyle atılır.

Yapılması gereken, eşlerin birbirine karşı sabırlı, anlayışlı ve hoşgörülü olmaları, birbirlerine kızdıkları anlarda yaşadıkları mutlu günleri hatırlayarak sakinleşmeye çalışmalarıdır.

Sabır sevginin sonucuysa meyvesi çok tatlı olur.

Anne Kedi

Bir göl kenarında yaşayan ve sudan nefret eden bir kedinin bir gün yavruları olur; fakat bu yavrular her gün gölün kenarında oynamayı ve suya girmeyi çok severler.

Yavrularıyla birlikte göle giren ve onlarla suyun içerisinde oynayan anne kediyi gören bir başka kedi hayretler içinde kalır ve ona sorar:

"Sen yıllardan beri sudan nefret ederdin, ama görüyorum ki artık sudan hiç çıkmıyorsun. Bunun sebebi nedir?" Anne kedi şöyle cevap verir:

"Hâlâ suyu hiç sevmiyorum ve göle girmekten de nefret ediyorum, ama ben yavrularımı çok seviyorum."

Hepimizin hoşlandığı veya hoşlanmadığı birçok şey vardır. Ancak biz birini çok seviyorsak ve onunla bir şeyler paylaşmak istiyorsak, onun hoşlandığı şeylere olan bakış açımızda esnek olmalıyız.

Özellikle bu kişiler aile bireylerimiz ise bu konuda bize düşen daha özverili ve daha hoşgörülü olmaktır.

Yapmamız gereken, zararlı bir yönü yoksa sevdiğimiz kişinin hoşlandığı şeyleri sevmeye çalışmak ya da en azından onun sevdiklerine karşı hoşgörülü ve anlayışlı olmaktır.

İnsanlarla uyum sağlamadan sıcak ilişkiler kuramazsınız.

Sirkteki Maymun

Bir sirkte çalışan ve insanları kahkahalara boğan bir maymun her akşam eve yorgun argın bir şekilde gelirmiş ve evde hiç gülmezmiş. Dişi maymun onu tatlı dille, güler yüzle karşılarmış. Dişi maymun kocasının bu suratına daha fazla dayanamamış ve sitem ederek sormuş:

"Eve geliyorsun, yüzünden düşen bin parça. Hâlbuki sen dışarıda yüzlerce kişiyi güldürüyorsun. Etrafa neşe saçıyorsun. Ne olur sanki bir de akşamları bana bir güler yüz göstersen?"

Maymun hiç istifini bozmadan şöyle söylemiş:

"Kusura bakma, ben akşam eve iş getirmem."

Bazı insanlar vardır, çalıştıkları iş yerinde veya sosyal çevrelerinde son derece neşeli ve hayat dolu bir insan tipi çizerken eve girdiklerinde tamamen farklı bir insan olurlar. Bu kişileri ev ortamının dışında tanıyanlar, onun evin içerisinde terör estirdiğini ya da ev halkıyla iletişiminin çok zayıf olduğunu asla tahmin edemezler.

Yapmamız gereken, iş hayatında ya da sosyal çevremizde yaşadığımız güzelliklerin çok fazlasını aile ortamında yaşamaya çalışmaktır.

Evde sulh, cihanda sulh.

Uçmayı Öğrenen Yavru Kartal

Bir kartal, yavrusuna uçmayı öğretmek için yalçın bir kayanın tepesine çıkartır ve yavrusunu buradan aşağıya doğru ittirir. Yavru büyük bir hızla ve top gibi aşağı doğru düşerken son anda kartal, yavrunun altına girer ve onu kurtararak tekrar yalçın kayaların üstüne çıkartır. Sonra tekrar aşağıya iter. Yavru ikinci inişinde birkaç kanat çırparak iner, kartal yavrusunun altına girerek yine son anda kurtarır ve tekrar yalçın kayaların tepesine çıkarır.

Kayaların tepesinden üçüncü defa yavrusunu aşağıya doğru ittirir. Yavru önce kanatlarını çırpar, sonra daha hızlı bir şekilde kanatlarını çırpmaya başlar. Son bir kanat çırpışı ile beraber göklere doğru yükselir ve annesiyle birlikte uçmaya başlar.

Bir insana bir beceri kazandırmak istediğimizde önce onun başarabileceği bir noktadan başlayıp basamak basamak ilerlemesini sağlamak gerekir. Bunu yaparken kişiyi zorladığınızda ve ona hiç destek vermediğinizde o kişi bunu başaramayacağını düşünerek vazgeçer.

Bir kişiye bir beceriyi kazandırmak istediğimizde önce onu motive etmeli, yapacağına inandırmalı ve sonra adım adım ilerleyerek bu beceriyi kazanmasını sağlamalıyız.

Zafer ilk adımla başlar.

II. BÖLÜM

BAKIŞ AÇISI VE ÖN YARGILAR

BAKIŞ AÇISI VE ÖN YARGILAR

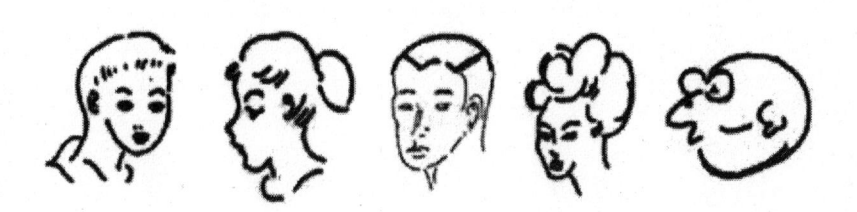

Seminerlerimizde seçtiğimiz katılımcılardan birine, ilk resmi gösterip dikkatlice bakmasını ve daha sonra ikinci resimde ne gördüğünü sorarız. Aldığımız cevap 'yaşlı bir adam görüyorum' olur.

Daha sonra ikinci katılımcıya bir sonra ki resmi gösterilip dikkatlice bakması istediğimizde katılımcının verdiği cevap 'bir fare görüyorum' dur. Katılımcılar resim sıralamasına bakarak bir yargı oluşturur ve cevaplarını ona göre verirler.

Ön yargılar da bu uygulamada olduğu gibi geçmiş deneyimlerden oluşan bir bütündür. İnsanlar bazı durumlarda farklı bakış açıları veya yargılar oluşturabilirler. Bu durum çok normaldir. Her insan mevcut tecrübelerinden yola çıkarak farklı düşünebilir.

Önemli olan bu farklılıklar karşısında esnek olabilmek ve insanların bizden farklı düşünebileceklerini kabul etmektir. Bu esneklik gösterilmediğinde insanlar, kurumlar ve toplumlar arasında çatışma çıkabilir.

Evcilleşen Gelincik

Bir dağ köyünde, kocası, çocuğu doğmadan ölmüş, tek başına yaşayan hamile bir kadın vardı. Kadın kendisine arkadaş olması için dağda yaralı olarak bulduğu bir gelinciği evinde beslemeye başladı.

Gelincik kadının yanından bir an bile ayrılmazdı. Her ne kadar evcil bir hayvan olmasa da oldukça uysallaşmıştı. Birkaç ay sonra kadının çocuğu doğdu. Tek başına tüm güçlüklere göğüs germek ve yavrusuna bakmak oldukça zordu. Günler geçti, kadın bir gün birkaç dakikalığına da olsa evden ayrılmak ve yavrusunu evde bırakmak zorunda kaldı. Gelincikle bebek evde yalnız kalmışlardı.

Aradan biraz zaman geçti ve anne eve geldi. Gelinciği ve onun kanlı ağzını gördü. Anne çıldırmışçasına gelinciğe saldırdı ve hayvanı oracıkta öldürdü. Tam o sırada içerideki odadan bir bebek sesi duyuldu. Anne odaya yöneldi ve odada beşiği, beşiğin içindeki bebeği ve bebeğin yanında duran parçalanmış yılanı gördü.

Bazen karşımızdaki kişinin gerçek niyetini bilmeden sırf onun memleketinden, okuduğu okuldan veya mensup olduğu aileden dolayı ön yargıda bulunuruz.

Bu ön yargılar o kişi veya kişilerle ilişki kurmamızı engellediği gibi toplumsal ahengi de bozar.

Yapmamız gereken kişinin dili, dini, ırkı ve memleketinden önce insani değerlerini öğrenmektir. Ancak ön yargılarımızdan kurtulduğumuzda ve kişilere insanlıkları ölçüsünde değer verdiğimizde insanlarla daha iyi ilişkiler kurabiliriz.

Her davranışın ardında iyi bir niyet vardır. Tepki vermeden önce bu iyi niyeti bulmalıyız.

Timsahın Gözyaşları ve Sırtlanın Gülüşü

Suların yükseldiği sırada Nil kıyısında bir sırtlan ile bir timsah karşılaştılar; durup selamladılar birbirlerini.

Sırtlan timsaha sordu: "Günleriniz nasıl geçiyor efendim?"

Timsah cevap verdi: "Kötü geçiyor. Gün oluyor acılarım ve hüznüm içinde ağlıyorum. Diğer canlılar diyorlar ki; "Bunlar yalnızca timsah göz yaşları". İşte bu, beni her sözün ötesinde yaralıyor. "

Sırtlan da timsaha şöyle söyler: "Acınız ve hüznünüzden söz ediyorsunuz, ama bir an için beni düşünün. Dünyanın güzelliğine, harikalarına, mucizelerine bakıyorum ve salt bir sevinçle, günün güldüğü gibi gülüyorum. İnsanlar diyorlar ki; "Bu, yalnızca bir sırtlan gülüşü".

Alışkanlık hâline gelen birçok davranışımızın altında çevrenin büyük etkisi vardır.

Bir kişi olumsuz bir davranışı ile tanınıyorsa insanlar o kişinin hayatı boyunca bu davranışını sergileyeceğini düşünürler.

Halbuki her insanın içinde iyi bir yan ve insanların hepsinin içinde bu iyi yanlarına ulaşma isteği vardır.

Değişmek ve olumsuz davranışlarından kurtulmak isteyen bir kişiye ön yargılı davranmak yerine, ona yardımcı olmaya çalışmak, bir insana yapılabilecek en büyük iyiliktir.

Her insanın içinde en az % 51 iyi bir yan vardır.

Karınca Kito

Hapisten yeni çıkmış olan eski bir mahkûm ile onun hapishanede senelerce emek vererek yetiştirdiği Kito adlı üstün yetenekli bir karıncası vardır. Adam Kito'yu alarak bir kafeteryaya gelir. Maksadı özgürlüğünün tadını çıkarmak ve Kito ile bir şeyler yiyip içmektir. Adam masaya oturur ve kibrit kutusunu açarak Kito ile konuşmaya başlar:

"Kito, oğlum artık seninle çok güzel şovlar yapacağız. Paralar kazanacağız... Kito neredesin?... Oğlum kutunun tavanına çıkmışsın. İn oradan aşağı!... Haydi biraz gösteri yap da sana kesme şekerini vereyim."

Kito takla atar, adam ne derse harfiyen yapar.

Bu sırada kafeteryanın garsonu sipariş almak üzere adama yaklaşmaktadır ve eski mahkûmun düşüncesine göre Kito insanlara ilk şovunu yapma fırsatı yakalamıştır. Garson Kito'nun şovunu görünce şok olacaktır. Fakat durum hiç de sandığı gibi olmaz. Garson masaya yaklaşıp da adamın yanında karıncayı görünce hızla elindeki bezi alır ve, "Affedersiniz beyefendi" diyerek Kito'yu öldürür.

Her kişinin kendine ait değerleri ve inançları vardır. Bir kişi için çok önemli olan bir olay, diğeri için pek de önemli olmayabilir.

Kişileri kendi değer ve inanç sistemimize göre değerlendirirsek sorunlarla karşılaşabiliriz. Yapmamız gereken, kişilerin inanç ve değerlerine saygılı olmak ve ilişkilerimizde kendimizi onların yerine koyarak hareket etmektir.

Altının değerini en iyi sarraf bilir.

Hoca ile Çoban

Hocanın biri köy köy dolaşıp vaaz verirmiş. Gitmiş olduğu bir köyde köyün camisine gider ve camide sadece bir kişinin olduğunu görür. Vaaz verip vermemekte kararsız kalır ve o kişiye sorar:

"Sen benim yerimde olsan ne yapardın?"

Adam, "Ben anlamam. Ben bir inek çobanıyım. Ama benim sürümde bir tek ineğim bile olsa ona yemini verirdim" der.

Bunun üzerine hoca vaaza başlar. Aradan iki saat geçer ve vaaz biter. Hoca çobana sorar:

"Vaaz nasıldı?"

Çoban cevap verir:

"Ben size bu işten anlamam demiştim. Ama ben yem vermek isterken ineklerimin hepsi kaçışsa ve geriye bir tane inek kalsa, tüm yemleri kalan bir ineğe vermezdim."

İnsanlara yardımcı olmak ve onlara katkıda bulunmak hepimizin yapması gereken önemli bir insanlık görevidir.

Ancak bunu yaparken, bir kişiye olması gerekenden çok fazla emek harcarsak, o kişiye fayda yerine zarar verebiliriz.

İmkânlarımızı, zamanımızı ve enerjimizi insanlara sunarken, bunu yerinde, zamanında ve dozunda yapmalıyız.

İnsanlara en çok katkıda bulunan kişi, bu katkıyı kime, nasıl, nerede ve ne zaman yapacağını bilen kişidir.

Boynuzlar ve Akıl

Boğa ormanın en güçlü hayvanlarından biridir. Bir hayvana boynuzunu taktığında o hayvanın kurtulması mümkün değildir. Tilki ise ormandaki hayvanların en kurnazıdır.

Büyük boynuzlu bir boğa karşıdan gelirken onu gören tilki hemen bir ağacın arkasına saklanır. Bunu gören kurt ise tilkiye sorar:

"Ne o, yoksa boğadan mı korktun?"

Tilki hiç istifini bozmadan kurda cevap verir:

"Hayır sadece onun boynuzları var; benimse aklım..."

İnsanların çoğu cesareti, tehlikeli olayların içine korkusuzca dalmak olarak algılarlar. Hâlbuki cesaret, gereken yerde dimdik durmayı, gerektiği yerde de daha uygun bir fırsat bulana kadar beklemeyi gerektirir.

Sonunu hiç düşünmeden bir tehlikenin içine atılmak ya da büyük bir risk almak, çoğunlukla hüsranla sonuçlanan girişimlerdendir.

Yapmamız gereken, her olayda önce aklımızı kullanmak, cesaret gerektiren yerlerde ise gözümüzü kırpmadan gerekeni yapmak olmalıdır.

Akıllı insan, ne zaman temkinli ne zaman cesaretli olması gerektiğini bilen insandır.

Vahşi Atlar

Köyün birinde yaşlı bir adam varmış. Çok fakirmiş, ama kral bile onu kıskanırmış. Öyle dillere destan bir beyaz atı varmış ki, kral at için ihtiyara neredeyse hazinesinin tamamını teklif etmiş, ama adam satmaya yanaşmamış.

"Bu at, bir at değil, benim için bir dost; insan dostunu satar mı?" dermiş hep.

Bir sabah kalkmış ki at yok. Köylü ihtiyarın başına toplanmış. "Seni ihtiyar bunak! Bu atı sana bırakmayacakları, çalacakları belliydi. Krala satsaydın, ömrünün sonuna kadar beyler gibi yaşardın. Şimdi ne paran var, ne de atın" demişler.

İhtiyar, "Karar vermek için acele etmeyin" demiş. "Sadece, at kayıp, deyin; çünkü gerçek bu. Ondan ötesi sizin yorumunuz ve sizin verdiğiniz karar. Atımın kaybolması, bir talihsizlik mi yoksa bir şans mı, bunu henüz bilmiyoruz. Zira bu olay henüz bir başlangıç. Arkasının nasıl geleceğini kimse bilemez."

Köylüler ihtiyara kahkahalarla gülmüşler.

Aradan on beş gün geçmeden, at bir gece ansızın dönmüş. Meğer çalınmamış, dağlara gitmiş kendi kendine. Dönerken de vadideki on iki vahşi atı peşine takıp getirmiş. Bunu gören köylüler toplanıp ihtiyardan özür dilemişler. "Babalık" demişler. "Sen haklı çıktın. Atının kaybolması bir talihsizlik değil âdeta bir devlet kuşu oldu senin için. Şimdi bir at sürün var."

İhtiyar, "Karar vermek için yine acele ediyorsunuz" demiş. "Sadece atın geri döndüğünü söyleyin. Bilinen gerçek bu. Ondan ötesinin ne getireceğini henüz bilmiyoruz. Bu daha başlangıç... Birinci cümlenin birinci kelimesini okur okumaz kitap hakkında nasıl fikir yürütebilirsiniz?" Köylüler bu defa açıktan ihtiyarla dalga geçmemişler; ama içlerinden, bu adam sahiden de tuhaf, diye geçirmişler.

Bir hafta geçmeden, vahşi atları terbiye etmeye çalışan ihtiyarın tek oğlu attan düşmüş ve ayağını kırmış. Evin geçimini temin eden oğul, şimdi uzun zaman yatakta kalacakmış.

Köylüler yine gelmişler ihtiyara, "Bir kez daha haklı çıktın. Bu atlar yüzünden tek oğlun bacağını uzun süre kullanamayacak. Oysa sana bakacak başkası da yok. Şimdi eskisinden daha fakir, daha zavallı olacaksın" demişler.

İhtiyar, "Siz erken karar verme hastalığına tutulmuşsunuz" diye cevap vermiş. "O kadar acele etmeyin. Oğlum bacağını kırdı. Gerçek bu. Ötesi sizin verdiğiniz karar... Ama acaba ne kadar doğru? Hayat böyle küçük parçalar hâlinde gelir ve ondan sonra neler olacağı size asla bildirilmez."

Birkaç hafta sonra, düşmanlar kat kat büyük bir ordu ile saldırmış. Kral son bir ümitle eli silah tutan bütün gençleri askere çağırmış. Köye gelen görevliler, ihtiyarın kırık bacaklı oğlu dışında bütün gençleri askere almışlar. Köyü matem sarmış. Çünkü savaşın kazanılmasına imkân yokmuş, giden gençlerin ya öleceğini ya da esir düşüp köle diye satılacağını herkes biliyormuş. Köylüler, ihtiyara gelmişler. "Yine haklı olduğun kanıtlandı" demişler. "Oğlunun bacağı kırık, ama hiç değilse yanında. Oysa bizimkiler belki asla köye dönemeyecekler. Oğlunun bacağının kırılması, talihsizlik değil, şansmış meğer."

Buna karşılık, "Siz erken karar vermeye devam edin" demiş ihtiyar, "Oysa ne olacağını kimseler bilemez. Bilinen bir tek gerçek var. Benim oğlum yanımda, sizinkiler askerde. Ama bunların hangisinin talih hangisinin şanssızlık olduğunu sadece Allah biliyor".

Yaşadığımız olayların geçmişten gelen sürecine bakmadan ve gelecekte neler olabileceğini düşünmeden değerlendirdiğimizde hatalı bir değerlendirme yapmış oluruz.

Bu durum, aynen kocaman bir yapbozdaki küçücük parçaya bakarak o resim hakkında fikir yürütmeye benzer.

Yapmamız gereken, yaşadığımız olayın geçmişte yaşadığımız hangi olayların sonucu olduğunu düşünmek ve gelecekte bu olayın hayatımızda ne gibi etkiler yapabileceğini tespit ederek tedbirimizi almaktır.

Önemli olan yaşadığımız olaylar değil, Bu olaylara bizim verdiğimiz tepkilerdir.

Kanguru

18. yüzyılda, İngiliz kaptan James Cook, Avustralya kıyısına varır. Keşif gezisine çıktığında daha önce hiç görmediği bir hayvanla karşılaşır. Yanındaki yerliye hayvanın adını sorunca, "Kangroo!" yanıtını alır.

Böylece denizci, arka ayakları üstünde sıçrayarak yol alan, yavrularını karnındaki kesesinde taşıyan bu hayvanın resmini çizer.

Ülkesine döndüğünde bu ilginç hayvandan bahseder ve resimlerini herkese gösterir.

Zamanla tüm dünya bu hayvanı tanır. Çok sonra Avustralya yerli dillerini incelemek üzere kıtaya gelen bir dilbilimci, yerlilerin bu hayvan için başka bir isim kullandıklarını görür.

Olay araştırıldığında şu sonuç ortaya çıkar: Yerliler kendilerine hayvanın ismini soran James Cook'a, "Seni anlamıyorum?" anlamına gelen "Kangroo" demişlerdir. James Cook ise bu kelimeyi hayvanın ismi zannetmiştir.

Yaşadığımız her olaydan bir şeyler öğrenebiliriz. Bunlar bazen bilerek bazen da bilmeyerek olabilir.

Önemli olan merak duygusunu kaybetmeden hayattan neler öğrenebileceğimizi araştırmaktır.

Ancak bunu yaparken öğrendiklerimizin doğru olup olmadığını kontrol etmeliyiz.

Merak bilimin temelidir.

Fil Nedir?

Hintliler karanlık bir ahıra bir fil koyup o güne kadar hiç fil görmeyen insanlara onu göstermek istediler.

Fili görmek için o karanlık yere birçok insan toplandı. Fakat filin bulunduğu yer o kadar karanlıktı ki hiçbir şey görünmüyordu. Onun için insanlar file elleriyle dokunmaya, ellerini filin orasına burasına sürmeye başladılar.

Bunlardan biri filin hortumuna dokundu; dışarıya çıkınca sorduklarında:

"Fil bir oluğa benzer, bir oluktur" dedi. Başka biri filin kulağına dokunduğunda o da: "Fil bir yelpazeye benzer" dedi. Bir başkası filin ayağını tuttu: "Fil bir direğe benzer" dedi. Biri de filin sırtına dokundu: "Fil bir padişah tahtına benziyor" dedi. Böylece herkes filin neresini tuttuysa fili öyle sandı ve ona göre anlatmaya başladı. Her birinin anlattığı başka başkaydı.

Yaşadığımız olayları değerlendirmemizde yaşadığımız çevre, yetiştiğimiz aile, aldığımız eğitim, yaptığımız meslek, yaşadığımız olaylar önemli bir yer tutar.

Bu farklılıklardan dolayı insanlar olayları kendi bakış açılarına göre değerlendirirler.

Yapmamız gereken, sadece insanların olayları nasıl değerlendirdiğine değil, bunları hangi kriterlere göre değerlendirdiğine bakmak ve onların bakış açılarını anlamaya çalışmaktır.

İnsanların olayları değerlendirirken en önemli referansları yaşadıkları tecrübeleridir.

Eğitim ve Asalet

Bir padişah ile veziri aralarında tartışırlar. Vezir eğitimin daha önemli olduğunu, padişah ise asaletin daha önemli olduğunu iddia etmektedir. Vezir iddiasının doğru olduğunu ispat etmek için padişahın kedisine bir ay içerisinde üzerindeki tepsiyle çay servisi yaptırabileceğini söyler. Çünkü padişahın kedisi çok akıllı ve evcil bir kedidir. Padişah ise asaletin daha önemli olduğunu ve vezirin bu işi başaramayacağını iddia eder.

Vezir, yakın adamlarının da yardımıyla bir ay içerisinde sırtına iple bağlı bir tepside kediye çay taşıtmayı öğretir. Artık sıra bunu padişaha göstermeye gelmiştir.

Vezir padişahın huzuruna gelir, vezirin adamları kediyi getirirler ve çay servisi başlar. Vezir, "Gördünüz mü padişahım" der, "Eğitim asaletten önce gelir". Padişah ise yanında bulunan kutuyu açar, kutudan bir fare çıkar. Kedi bu farenin peşinden koşarken bütün çaylar dökülür. Bunu görün padişah vezire şöyle der:

"Gördün mü vezirim. Eğitimden önce asalet gerekir."

Asalet, insanların küçüklüğünden itibaren kazandığı bir özelliktir. Sonradan asalet kazanılmaz. Sadece eğitimle asalet kazanmak da mümkün değildir. İnsanlara sadece yetenekleri doğrultusunda beceriler kazandırabiliriz.

Asalet insanların damarlarında dolaşır.

III. BÖLÜM

YAŞADIKLARIMIZIN FARKINDA OLMAK

YAŞADIKLARIMIZIN FARKINDA OLMAK

"Farkı fark etmek fark yaratır ve insanı farklı kılar."

Yukarıdaki cümlede kaç tane **"f"** vardır?

Bu soruyu seminerlerimizde sorduğumuzda katılımcılar genelde 4 diye cevap verirler. Ancak soruda fark edemedikleri küçük 'f' harfinin tırnak içine alınmış olmasıdır. Bu soruya sadece farkındalığı yüksek olan katılımcılar doğru cevap vermektedir.

Farkındalık "Şu anda ne yaşıyorum" sorusunu yanıtlamak için, duygu ve düşüncelerin gözlemlenmesi yoluyla elde edilen zihinsel bir durumdur. Farkındalık, dikkatin yaşadıklarımıza odaklanmasıyla ilgilidir. Tüm hislerimiz ve düşüncelerimiz geçmişten getirdiğimiz tecrübelerimizle ve gelecekteki hedeflerimizle birlikte şu andadır.

Yaşadıklarımızın farkında olmak için, içinde olduğumuz zamanı gözden kaçırmamamız gerekir. Sürekli geçmişte yaşananları düşünmek, tüm duygu ve düşüncelerin geçmişe gitmesine neden olur. Benzer durum sürekli geleceği düşünmek içinde geçerlidir. En iyi yaklaşım tarzı şu an yaşananlarının farkında olmaktır. Bu farkındalık geçmişten edinilen tecrübeler ile gelecekteki hedeflerin harmanlanmasıyla oluşur.

Kısacası geçmişten ders alarak geleceği şekillendirmek adına şimdide yaşananların farkında olunmalıdır.

Farkındalığı yüksek olan insanlar için,
En önemli zaman şimdiki zamandır,
En önemli yer bulundukları yerdir,
En önemli kişiler de o an iletişimde oldukları kişilerdir.

Dolap Beygiri

Bir çiftlikte yaşayan dolap beygiri sürekli olarak bağlandığı yerde dönerek su çekermiş. Sahibi ise devamlı olarak bu beygiri kamçılarmış. Dolap beygiri hayatından bezmiş ve çalışmak istemez hâle gelmiş. Bir zaman sonra o çiftliği başka biri satın almış. Dolap beygirinin yanına gelerek:

"Merak etme. Seni asla kamçılamayacağım" demiş. Dolap beygiri buna çok sevinmiş.

Yeni sahibi gerçekten onu hiç kamçılamamış. Sadece dolap beygirinin boynuna bir ip, ipin ucuna da bir tutam ot bağlamış. Dolap beygiri otları yiyebilmek için dönmüş, dönmüş, dönmüş. Ancak yıllar geçmesine rağmen önünde sallanan ota bir türlü ulaşamamış.

İnsanlık tarihi boyunca kesinleşmiş bir hedefi olan insanlar, hedeflerine ulaşmak için, hedefleri olmayan insan ve toplumlardan yararlanmışlar, bunu yaparken bazen sopa bazen da havuç taktiği kullanmışlardır. Ancak yöntem ne olursa olsun, kendilerine ait hedefleri olmayan insanlar veya topluluklar, hedefleri olan insanların amaçları doğrultusunda çalışmaya mahkûmdurlar.

Ne istediğinizi bilmiyorsanız, ne istediğini bilen birinin istekleri doğrultusunda hareket ettiğinizi geç de olsa fark edersiniz.

Kızılderili ve İki Köpeği

Yaşlı Kızılderili reisi kulübesinin önünde torunuyla oturmuş, az ötede birbirleriyle boğuşup duran iki köpeği izliyordu.

Köpeklerden biri beyaz, biri siyahtı ve on iki yaşındaki çocuk kendini bildi bileli o köpekler dedesinin kulübesi önünde boğuşup duruyorlardı. Dedesinin sürekli göz önünde tuttuğu, yanından ayırmadığı iki iri köpekti bunlar. Çocuk, kulübeyi korumak için biri yeterli gözükürken niye ötekinin de olduğunu, hem niye renklerinin ille de siyah ve beyaz olduğunu anlamak istiyordu artık. O merakla sordu dedesine. Yaşlı reis, bilgece bir gülümsemeyle torununun sırtını sıvazladı ve: "Onlar benim için iki simgedir evlât" dedi. "Neyin simgesi?" diye sordu çocuk. "İyilik ile kötülüğün simgesi. Aynen şu gördüğün köpekler gibi, iyilik ve kötülük içimizde sürekli mücadele eder durur. Onları seyrettikçe ben hep bunu düşünürüm. Onun için yanımda tutarım onları."

Çocuk sözün burasında, mücadele varsa kazananı da olmalı, diye düşündü ve her çocuğa has bitmeyen sorulara bir yenisini daha ekledi:

"Peki, sence hangisi kazanır bu mücadeleyi?" Bilge reis, derin bir gülümsemeyle baktı torununa ve,

"Hangisi mi evlât? Ben hangisini daha iyi beslersem o!" dedi.

Hayatımız boyunca içimizde iyi veya kötü yanlarımız birbiriyle mücadele eder.

Sevgi, saygı, paylaşma, yardımlaşma gibi güzel duygulara sahip olan insanoğlu aynı zamanda kin, öfke, nefret, kıskançlık, intikam gibi duyguları da içinde barındırır.

Önemli olan, sahip olduğumuz kötü duyguları kontrol altına almak ve bizim iyi insan olmamızı sağlayan güzel duygularımızı ortaya çıkartmaktır.

Hayat seçimlerden ibarettir.

Mutluluğu Arayan Kedi

Büyük kedi kuyruğuyla oynayan küçük kediye sordu: "Neden kuyruğunu kovalayıp duruyorsun?"

Küçük kedi:

"Bir kedi için en güzel şeyin mutluluk, mutluluğun da kuyruğum olduğunu öğrendim" dedi. "Kuyruğumu kovalıyorum, kovalıyorum... Sonunda onu yakaladığım zaman, biliyorum ki mutluluğu yakalamış olacağım" diye devam etti.

Yaşlı kedi gülümsedi ve şöyle söyledi: "Gençken ben de senin gibi, mutluluğun kuyruğum olduğuna inanıyordum. Yıllar geçtikçe anladım ki ne zaman onu kovalasam, o benden uzaklaşıyor, ne zaman kendi işime baksam, o hep peşimden geliyor."

Hayatta herkesin ulaşmak istediği amaçları ve bu amaçlara ulaşmak isterken kullandığı araçları vardır.

Örneğin; mutlu yaşamayı amaç edinen bir kimse için para kazanmak bir araçtır. Ancak para kazanmayı hayatın en büyük amacı olarak gören bir kişinin mutlu olması mümkün değildir.

Ulaşmak istediğimiz amaçlarımızı iyi belirlemeli ve bunlara ulaşırken amaçlarla araçları birbirine karıştırmamalıyız.

Mutluluğu içimizde aramazsak hiçbir yerde bulamayız.

Yengeç Sepeti

Yengeç avcıları avladıkları bir yengeci sepete koyduktan sonra ikinci bir yengeci sepete atarlar ve bu iki yengeç birbirlerine sarılır, biri diğerinin dışarı çıkmasına izin vermez. İki yengeci sepete atan yengeç avcısı onların dışarı çıkamayacağını bilir. Bu yüzden yengeç sepetlerinin kapağı yoktur.

Bazı aileler vardır, aile bireyleri birbirleri için her fedakârlığı yapar; birbirlerine güvenir ve birlikte hareket ederler.

Bazı ailelerde ise bireyler arasında kıskançlık ve çekememezlik vardır.

Dayanışmanın olduğu aileler güven ve mutluluk içerisinde hızla yol alırken, kıskançlığın olduğu ailelerdeki bireylerin ne kendileri başarılı ve mutlu olabilirler ne de diğerleri. Bütün kurumlar ve topluluklar için de aynı şeyi söyleyebiliriz.

Bunların farkında olarak ailemizde ve birlikte olduğumuz insanlar arasında dayanışmayı sağlamak için bütün gücümüzü harcamalı, kıskançlık ve çekememezliğin önlenmesi için de her türlü tedbiri almalıyız.

Kıskançlık tuzlu bir su gibidir, içtikçe daha çok susatır.

Isınan Su ve Kurbağalar

Yapılan bir araştırmaya göre kurbağalar 23 dereceye kadar ısıtılmış bir suda yaşayamazlar. Bilim adamları bir kurbağayı 23 derece ısıtılmış bir suya atarlar. Fakat kurbağa can havliyle dışarı sıçrayıp kurtulur.

Bir diğer kurbağayı ise oda sıcaklığında bir suya atarlar ve suyu, sıcaklığı birer derece artacak şekilde ısıtırlar. Su ısındıkça kurbağa gevşer ve hiç farkına varmadan su 23 dereceye gelince kurbağa haşlanıp ölür.

Bir kişinin hayatında, bir kurumda veya bir toplumda kötüye doğru gidişin küçük işaretleri hep vardır.

Bazı kişiler bu uyarıları dikkate alarak tedbirlerini alırken bazıları bu uyarıları hiç dikkate almaz.

Küçük uyarılardan ve hatalardan ders almayan, yılanın başını küçükken ezmeyen kişiler birden karşılarında koca bir yılan görmüş gibi olurlar.

Yapmamız gereken, sorunlara en başında çözümler bulmak, asla üşenmemek ve sorunları ertelememektir.

Bugünün büyük sorunları, geçmişin yanlış çözümlerinde saklıdır.

Japon ve Amerikalı

Bir gün, bir hayvanat bahçesinden bir ayı kaçmıştır ve bir Japon ile bir Amerikalı parkta dolaşmaktadır. Ayıyı gören Japon hemen çantasından spor ayakkabısını çıkarır ve giymeye başlar.

Amerikalı dayanamaz ve sorar: "Bu ayakkabılarla ayıdan daha hızlı koşacağını mı zannediyorsun?" Japon cevap verir:

'Tabi ki hayır. Ama senden hızlı koşacağım kesin."

İnsanların çoğu başarıyı çevrelerindeki insanları geçmek olarak algılarlar. Hâlbuki büyük düşünen insanların yarışı daima kendileriyledir. Aynı şey kurumlar için de söz konusudur.

Sadece çevresindeki iş yerinden daha çok satış ve üretim yapmayı başarı sayan firmaların büyük başarılar elde etmesi mümkün değildir.

Yapmamız gereken, sadece çevremizdeki insanlardan daha iyi olmak değil, her gün, bir gün öncesinden daha iyi olmaya çalışarak hayat basamaklarında ilerlemektir.

En büyük yarış kendimizle yaptığımızdır.

Çikolata ve Yılan

Bir adam sandalla gölde balık avlarken karşısına ağzında kurbağa olan bir su yılanı çıkar. Adam kurbağayı yılandan kurtarır ve geride kalan su yılanına elindeki çikolatayı verir. Böylece hem yılan hem kurbağa hem de adam mutlu olur.

Aradan bir zaman geçer ve sandalın altından sesler gelir. Adam bir bakar ki yine aynı su yılanı, ama bu sefer ağzında iki tane kurbağa ile karşısında durmaktadır.

Ödül almak bir çocuğun veya bir çalışanın motivasyonunu artırıcı olabileceği gibi, gereksiz yere ve yapılması normal davranışlar için verilen ödüller de bazen motivasyonu düşürebilir.

Sık sık ve yapılması normal ve sıradan davranışları karşılığında ödül almaya alışan kişiler, yaptıkları her şeyin karşılığında bir ödül bekler hâle gelirler.

Yapmamız gereken, ödülleri yerinde, zamanında ve dozunda vererek kişinin motivasyonunu artırmaktır.

İnsanı başarıya götüren ödüller değildir; "ödüllerin nerede, ne zaman ve ne yapınca verildiğidir."

Affet Ama Unutma

Bir hayvanat bahçesinde tüm hayvanları seven bir hayvan bakıcısı vardır. Bir gün bu kişi tüm hayvanları ziyaret eder. Onlarla tokalaşır, onları sever ve okşar. Sıra aslana gelir; fakat elindeki eti verirken aslan ona bir pençe atar. Adam yaralanır ve depresyona girer. Çünkü kendisi hayvanları çok sevmektedir.

Bir psikoloğa gider. Psikolog ona aslanı affetmesini söyler. Adam aslanı affeder ve iyileşince tekrar görevine gider. Tüm hayvanları ziyaret eder, sever. Sıra yine aslana gelir ki, adam eti verirken aslan adama geçen seferkinden daha güçlü bir pençe atar ve adam çok kötü yaralanır.

Adamcağız yine depresyona girmiştir. O yüzden bir psikoloğa gider. Psikolog olayı inceler ve adama şu tavsiyede bulunur:

"Affet ama unutma!"

İnsanlarla olan ilişkilerimizde, karşımızdaki kişilerden ummadığımız davranışlarla karşılaşabiliriz. Bu davranışlar bize zarar vermiş ve kalbimizi kırmış olabilir.

Bu durumda, insanları affetmek ve onlarla ilişkimize yeni bir başlangıç yapmak bir erdem olacaktır.

Fakat karşımızdaki kişilere körü körüne güvenmeden önce temkinli yaklaşmayı denemeli ve böylece de meydana gelebilecek kötü olaylardan kendimizi korumalıyız.

Yani bize düşen, insanlarla olan ilişkilerimizde yapılan hataları affetmek, ancak bir daha tekrar edilmesini önlemek için gereken tedbirleri almaktır.

Yapılan bir hatanın adı tecrübe, aynı hatanın tekrar yapılmasının adı ise aptallıktır.

Cırcır Böceği

New York'un kalabalık sokaklarından birinde iki arkadaş yolda giderken bir arkadaş diğerine, "Şu yandaki sokaktan gelen cırcır böceğinin sesini duyuyor musun?" der. O da, "Hayır, hiçbir şey duymuyorum" der. Çünkü o kalabalıkta hiçbir şey duyma imkânı yoktur. Bunun üzerine arkadaşıyla sokağa giderler. O sokaktaki bir çalılığın yanına geldiklerinde cırcır böceğinin sesini duyarlar.

Arkadaşı büyük bir hayret içindeyken diğeri arkadaşına:

"İnsan duymak istediği sesi duyar" der.

Sonra onu alır ve tekrar caddeye götürür. Cebinden bozuk 1$ çıkarır ve onu kaldırımda yuvarlar.

Kaldırımdaki herkes yuvarlanan paraya doğru döner ve bakar. Bunun üzerine parayı yuvarlayan kişi arkadaşına dönerek şöyle der:

"Gördün mü, insanlar duymak istediklerini duyarlar."

İnsanlar neye odaklanırsa onunla ilgili bilgiler alırlar. Buna biz "algıda seçicilik" diyoruz.

Görmek istediğimizi görürüz, duymak istediğimizi duyarız.

Yapmamız gereken, odaklanacağımız konuyu çok iyi seçip bu konuyla ilgili her türlü bilgiye ulaşmak için dikkatli ve gözlemci olmaktır.

İnsanların odaklandığı şeyler onların yaşam biçimlerini belirler.

Ekolojik Denge

Bir ülkedeki avcılar ormanda ceylan avlarken, ceylanların kendilerinden çok kaplanlarca avlandığını görürler ve bir karar alırlar. Hepsi birden ormanda kaplanlar için bir sürek avı düzenlerler.

Sonunda her şey avcıların istedikleri gibi olur. Ormanda hiç kaplan kalmaz ve avcılar artık rahatça avlanırlar.

Ancak bir müddet sonra ceylanların et ve derileriyle ilgili şikâyetler gelmeye başlar ve avcılar ceylanların et ve derilerini satamaz hâle gelirler.

Bu durum karşısında avcılar uzman bir zoolog çağırmaya karar verirler. Bu uzman inceleme yaptıktan sonra raporunu hazırlar ve raporda şu ilginç sonuç vardır:

"Kaplanlar öldürülmeden önce, ceylanların en zayıf ve güçsüz olanları sürünün arkasında kalıyordu ve kaplanlar onları avlıyordu. Kaplanlar ortadan kaldırılınca zayıf ve güçsüz ceylanlar hayatta kaldılar. Bunlar ise diğerleriyle birleştiler ve zayıf bir ceylan nesli ortaya çıktı. Dolayısıyla bu ceylanların et ve derileri eski değerini kaybetti."

Eğer ekolojik test yapılsaydı bu durum önceden tespit edilir, zayıfları avlayan kaplanlar öldürülmezdi.

Hedeflerimizi belirlerken bunları gerçekleştirdiğimizde nelerle karşılaşacağımızı önceden düşünmeliyiz.

Örneğin; kariyer basamaklarında hızla yükselmek isteyen bir kişi, bu süreçte ailesini ve çevresini düşünmeden hareket ederse, sonuçta hedefini gerçekleştirse bile, ailesiyle olan ilişkileri bozulmuşsa o kişi çok da başarılı sayılmaz.

Yapmamız gereken, bir hedef belirlemeden önce bu hedefin ailemizi, çevremizi ve sağlığımızı nasıl etkileyeceğini düşünmeden harekete geçmemektedir.

Belirlediğimiz her hedefin bize kazandıracaklarının yanında bize kaybettireceği şeyler de vardır. Önemli olan kazandırdıklarının kaybettirdiklerinden çok daha önemli olmasıdır.

Kuyruğunu Dik Tutan Fare

Bir ormanda, ormana zarar veren küçük bir fare vardır. Bütün orman hayvanları toplanır ve bu fareden kurtulmaya karar verirler ve bu işi de kedi üstüne alır.

Artık kedi farenin peşindedir ve onu yakalayıp öldürecektir. Fare kediyi görür ve hemen kaçmaya başlar. O sırada bir inek görür ve ineğin kendisini kediden saklamasını ister. Sonra fare ineğin arkasına geçer ve inek pisliğini farenin üzerine bırakır. Fare pisliğin içinde kaybolur, ancak kuyruğu dışarıda kalmıştır.

Farenin kuyruğunu gören kedi hemen oraya gelir. Fareyi pislikten çıkartır ve orada yer.

Hikâyeden çıkan sonuç:

1) Üzerinizi pisleyen herkes sizin düşmanınız değildir.

2) Sizi pislikten kurtaran herkes dostunuz değildir.

3) Boğazınıza kadar pisliğe gömülmüşseniz, kuyruğunuzu fazla dik tutmayın.

Yaşamda bilgeliğini yakalayanlar, yaşadıkları olaylardan ders çıkaranlardır.

Denizyıldızı

Bir adam okyanus sahilinde yürüyüş yaparken, denize telaşla bir şeyler atan birine rastlar. Biraz daha yaklaşınca bu kişinin, sahile vurmuş denizyıldızlarını denize attığını fark eder ve "Niçin bu denizyıldızlarını denize atıyorsun ?" diye sorar. Topladıklarını hızla denize atmaya devam eden kişi, "Yaşamaları İçin" yanıtını verince, adama şaşkınlıkla:

"İyi ama burada binlerce denizyıldızı var. Hepsini atmanıza imkan Yok. Sizin bunları denize atmanız neyi değiştirecek ki ?" der. Yerden bir denizyıldızı daha alıp denize atan kişi,

"Bak Onun İçin Çok Şey Değişti," karşılığını verir.

IV. BÖLÜM

HEDEF BELİRLEME VE SONUÇ ALMA

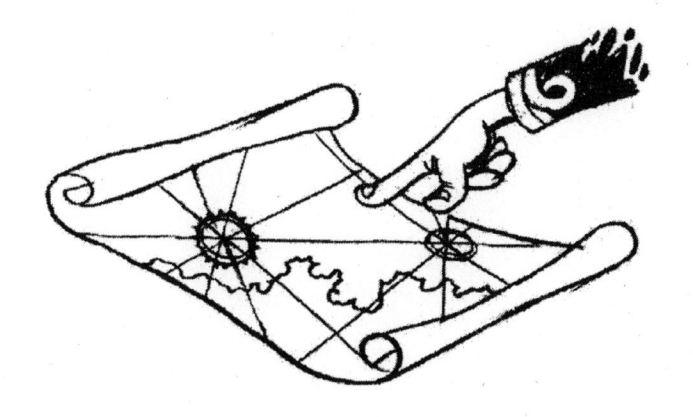

HEDEF BELİRLEME VE SONUÇ ALMA

Yaşamı bir yolculuğa benzetirsek hedef de varılacak son noktadır. Aslında insanın gideceği bir yer yoksa bu yolculuğu yapmak ona bir anlam ifade etmeyecektir. Ya da gideceği yeri belirlemeden, "Bulduğum, hoşuma giden bir yer bana kâfi" diyorsa şikâyet etmeye hakkı da kalmayacaktır.

Hayatında bir amacı olan insanlar, ulaşacakları yeri belirledikleri için daima diğer insanlardan farklıdır. Sabahları büyük bir heyecanla uyanırlar. Hayat onlar için daha anlamlıdır.

Şimdiye kadar seminerlerime katılan ya da bireysel danışmanlık yaptığım birçok insana, "Hayatınızın amacı nedir?" diye sorduğumda öylece yüzüme baktılar ve pek çoğu "hiçbir amaçlarının olmadığını" söylediler. Sadece yaşamaktı amaçları.

Arzu ettiğimiz sonuçları çok net olarak belirlemeliyiz; bu sonuçlar hayatımızın amacıyla ve değerlerimizle asla çatışmamalı. Ulaşacağımız hedefin sürekli hayalini kurmalıyız. Evet, kurmuş olduğumuz bütün hayaller gerçek olmayacaktır; ama hayalini kurmadığımız hiçbir şey de gerçek olmayacaktır.

Krema Kabındaki Kurbağalar

Bir gün iki kurbağa birlikte dolaşırken bir krema kabının içine düşer ve çırpınmaya başlar. Kurbağalardan biri çırpındıkça yorulur ve artık krema kabının içinden kurtulamayacağına karar vererek çırpınmaktan vazgeçip boğulur.

Diğer kurbağa ise çırpınmaya devam eder. Çırpınır, çırpınır, çırpınır... Son nefesine kadar mücadele etmeye kararlıdır. Bir müddet sonra kremanın sertleştiğini fark edip, sertleşen kremanın üzerine çıkarak dışarı atlar ve kurtulur.

Hayat seçimlerden ibarettir.

Başarmamız gereken bir işte ya pes eder bırakırız ya da sonuna kadar mücadele ederek işi sonuçlandırırız. Hayatta kazananlar asla vazgeçmeyenlerdir.

Umutlar tükenmedikçe hedefler tükenmez.

Ağaca Tırmanan Kurbağalar

Ormanda bir gün kurbağalar arasında ağaca tırmanma yarışması düzenlenmiş. Ormanın tüm sakinleri büyük bir ağacın etrafında toplanmış ve heyecanla yarışmanın başlamasını beklemişler. Yarışmaya katılacak kurbağalar bir bir ağacın önüne gelmişler ve yarışma başlamış. Ormanın sakinleri topluca bağırmaya başlamışlar:

- Mümkün değil çıkamazlar, kurbağa kim ağaca tırmanmak kim, boş verin hiç boşuna denemeyin, hiç boşuna denemeyin.

Bunu duyan kurbağaların bir kısmı denemekten vazgeçmiş, bir kısmı da ilk sıçrayışta başarısız olmuşlar ve bir daha dememişler.

Ormanın sakinleri aynı şekilde bağırmaya devam ederken kurbağaların arasından bir tanesi büyük bir azim içinde sıçramaya ve daldan dala atlayarak tırmanmaya devam etmiş. Çok yüksek olan ağacın en tepe noktasına kadar sıçraya sıçraya varmış ve yarışı tek başına kazanmış. Orman derin bir sessizliğe bürünmüş. Kurbağa imkânsızı başarmış. Ağaçtan yere indiğinde herkes yanına koşmuş ve kendisini yürekten tebrik etmişler. Büyük bir alkış kopmuş.

Yarışmayı tertip eden komitenin başkanı kurbağanın yanına gelmiş ve kupasını kendisine uzatmış ancak sırtı dönük olan kurbağa hiç tepki vermemiş. Komite başkanı bağırmış, bağırmış yine kurbağada hareket olmamış. En sonunda sırtına dokunmuş ve kurbağa kendisine dönmüş. O anda anlamış ki kurbağa sağır ve kimseyi duymuyor. Kurbağa ormanın sakinlerinin motivasyon kırıcı sözlerini meğer hiç duymamış ve tamamen işine konsantre olarak ağaca tırmanmış.

Hedeflerimizi söylediğimizde bizi kıskanan insanların çoğu bunu başaramayacağımızı söylerler. Çünkü önce kendileri buna inanmazlar. Bir de biz bu hedefi gerçekleştirdiğimizde geleceğimiz durumdan hoşlanmazlar.

Maalesef insanların çoğu bu negatif telkinler sonucu hedeflerinden vazgeçerler. Hedeflerine ulaşanlar, bu telkinleri dinlemeyenlerdir. Hedeflerimize ulaşmak istiyorsak bizi yıldırmak isteyen insanların sözünü değil, yüreğimizin sesini dinlemeliyiz.

Başarıya ulaşan insanlar, diğerlerinin negatif telkinlerine karşın bunun tersini ispat etmeye çalışanlardır.

Evrensel Bilgiye Ulaşmak

Bilim adamları maymunlar üzerinde bir araştırma yapmaya karar verirler. Japonya'daki birçok adaya 1000 tane maymunu taksim ederek dağıtırlar. Bu maymunlar dağıtıldıktan sonra onlara yiyecek olarak çamurlu patates verirler.

Maymunlar uzun süre bu patatesleri yemezler. Maymunlardan biri bir gün çamurlu patatesi alıp deniz suyuna sokarak temizledikten sonra yer. Bir müddet sonra ayrı adalarda olan maymunların da aynı hareketi yaparak patatesleri yediklerini görürler. Farklı farklı adalarda olan ve birbirleriyle haberleşme imkânı olmayan maymunların bu davranışları bilim adamlarını çok şaşırtır.

Hedefe ulaşmak için uğraşan farklı adalardaki maymunlar gösterdikleri çabaların sonunda aynı doğru bilgiye ulaşmışlardır.

İletişim araçları sayesinde tüm insanların bilgilere ulaşma imkânı vardır.

Ancak bilgiye ulaşmanın basamakları vardır. Birinci basamaktaki bir kişi onuncu basamaktaki bilgiye ulaşamaz.

Gerekli çabayı göstererek en üst basamaklardaki bilgiye ulaşmaya çalıştığımızda dünyanın diğer yerlerinde yaşayan gelişmiş toplumlarla rekabet edebiliriz.

Bilgi basamaklarından her yukarıya çıkışımızda yeni bir dünyanın güzelliği ile karşılaşırız.

Zümrüdüanka Kuşu

Zümrüdüanka kuşu Kaf Dağı'nda yaşayan ve çok parlak tüyleri olan bir kuş olup, Kaf Dağı'nda bir gölde yaşamaktadır. Tüylerinin parlak olmasının sebebi, dağdaki şifalı sulardan içmesi ve çok özel yiyeceklerden yemesidir.

Bir grup kuş Zümrüdüanka kuşunun nasıl bir kuş olduğunu merak eder ve onu bulmak üzere yola çıkar.

Son derece zor iklim şartlarında yolculuk etmeye başlar ve bu yolculuk sırasında birçok kuş telef olup ölür. Yolculuk devam ederken çok soğuk iklimlere gelirler, ama geride sadece 100 kuş kalmıştır.

Soğuk iklimde yol alırken Zümrüdüanka kuşunun o bölgedeki buz dağlarının arkasındaki geçit vermeyen Kaf Dağı'nda yaşadığını öğrenirler ve yönlerini Kaf Dağı'na doğru döndürürler.

Bu dağa yaklaştıklarında sadece üç kuş kalmıştır, ancak bunlardan ikisi ulaşamayacaklarını düşünerek geri döner. Oraya sadece bir kuş ulaşır. Bu kuş hiç kimsenin yemediği, içmediği şeyleri yiyip içer ve Zümrüdüanka kuşunun bulunduğu göle doğru ilerler. Tüyleri parlak Zümrüdüanka kuşunu bir türlü göremez.

O sırada göldeki kendi aksini görür ve çok şaşırır. Çünkü bütün tüyleri ışıl ışıl parlamaktadır. O zaman aradığı Zümrüdüanka kuşunun kendisi olduğunu anlar.

Çoğu insan övüneceği bir kahraman ararken içindeki gerçek kahramanı unutur, elindeki imkânlarla yapabileceklerini düşünmek yerine başkalarının ne kadar şanslı olduğunu düşünür.

İnsanlar ancak kendi güçlerinin farkına varıp bunu doğru yolda kullandıkları zaman mutluluğa ve başarıya ulaşabilirler.

Yeryüzünde mucize arayanlar kendilerini keşfettiklerinde bunu bulunur.

Kartal ve Tavuk

Bir gün bir adam, iki kartal yumurtası bulur ve bunları kümese getirip kuluçkaya yatmış bir tavuğun yumurtalarının yanına koyar. Aradan zaman geçer ve bu yumurtalar çatlar, çatlayan yumurtalardan yavru civcivlerle beraber iki tane de yavru kartal çıkar. Anne, bu iki yavruyu besler ve onları diğerlerinden hiç ayırt etmez. Bu iki kartal yavrusu da anneyle beraber her gün yem bulmak için toprağı eşeler ve böylelikle günlük yiyecek ihtiyacını karşılamaya çalışır. Anne, bu iki yavru kartala kendilerini savunmayı ve korunmayı da öğretir.

Bir gün anne bu iki yavruyu eğitirken gökyüzünden süzülerek uçan bir kartal görürler. Yavrular:

"Anne bu ne?" der.

Anne:

"O bir kartal yavrularım. Kuşların kralı."

"Çok güzel bir kuşmuş. Keşke biz de onun gibi uçabilsek" der yavrular. Anne yavrularına, ona özenmemelerini ve bir tavuk gibi davranmalarını söyler.

Yavrulardan biri annelerinin sözünü dinler ve uçmaya kalkışmaz. Ömrü boyunca bir tavuk gibi yaşamaya karar verir. Fakat diğer yavru uçmayı aklına koymuştur ve bunu denemeye karar verir.

Bir gün anne ve diğer tavuklar uyurken bu kartal yavrusu yüksek bir yere çıkar ve aşağıya atlar. Her yeri yara bere içinde kalmıştır. Ama denemekten vazgeçmez. İkinci denemesinde birkaç kanat çırparak yere yumuşak iniş yapar. Üçüncü denemesinde de kanat çırparak yere doğru düşerken daha fazla kanat çırpmaya başlar ve gökyüzüne doğru yol alır. Bulutların özgürlüğünün tadını çıkarır.

Hayat seçimlerden ibarettir. Yaptığımız seçimler bizi ya başarıya ulaştırır ya da yerin dibine batırır.

Seçimlerimizi yaparken çok dikkatli olmalıyız. Çünkü hayatımızın akışı karar anlarında belirir.

Önce doğru bir karar vermeli ve sonra bu kararı gerçekleştirmek için azimli ve sabırlı bir şekilde çalışmalıyız.

Kararla kader arasında yakın bir ilişki vardır.

Karıncanın Diyeti

Ormanın birinde yaşayan yaşlı bir karınca varmış. Bütün gün yuvasına yiyecek taşır ve kışa hazırlık yaparmış.

Yine sıcak bir yaz gününde böyle çalışırken, Hz. İbrahim'in ateşe atıldığı haberini almış, yaşlı karınca. Öyle üzülmüş, öyle ağlamış ki günlerce hiç çalışmamış, hiç evinden çıkmamış.

Günlerce bu derin üzüntüyle ne yapacağını düşünen karınca, sonunda oraya gidip, ateşi söndürmeye ve böylece Hz. İbrahim'i kurtarmaya karar vermiş. Ağzına aldığı bir damla suyla hemen yola koyulmuş.

Yolda bu durumu gören ve onu dinleyen bütün hayvanlar hayretler içerisinde kalmışlar ve bazıları da bu yaşlı karıncayla alay etmiş, bu duruma gülmüşler kahkahalarla.

"Yapma ey karınca! Gel vazgeç. Sen zaten yaşlı bir karıncasın; o kadar yolu nasıl gideceksin? Diyelim ki oraya vardın; ağzındaki bir damla su bu ateşi söndürmeye yeter mi hiç?"

O zamana kadar sessiz kalan yaşlı karınca yaşlı gözlerle cevap vermiş etrafındakilere:

"Doğru. Benim taşıdığım bir damla su sadece ve belki de oraya ulaşamayacağım bile. Ama olsun, söndüremesem de ateşi azaltırım belki. Varamasam da oraya, hiç değilse o yolda ölürüm. Önemli olan niyetimdir benim."

İnsanlar genellikle sizi, bir hedefe ulaşmak için nasıl çaba gösterdiğinize göre değil, sadece aldığınız sonuçlarla değerlendirirler.

Yani insanlar hangi fırtınalarla boğuştuğunuza değil; geriye getirdiğiniz gemilere bakarlar.

Önemli olan kişinin büyük bir gayretle sonuç almak için gösterdiği çabadır. Yapmamız gereken, insanları değerlendirirken sadece aldıkları sonuçları değil, bu yolda gösterdikleri çabaları da değerlendirmek olmalıdır.

Bir davranış, ardındaki niyetle değerlendirildiğinde gerçek değerini bulur.

Korkak Tavşan

Bir ormanda korkak bir tavşan vardır. Bu tavşan, bütün tavşanların tırmandığı tepeye tırmanmaktan çok korkmaktadır. Bu yüzden herkes onunla alay etmektedir.

Bir gün bu tavşan bir kurbağa sürüsü görür. Fakat bu kurbağa sürüsü bizim korkak tavşandan korkup kaçar.

Herkesten kaçan korkak tavşan, bu olayla kurbağaların yersiz korkusunu görerek, kendisinin de artık hiç korkmaması gerektiğini anlar.

Cesaretini yakaladığından dolayı da ormandaki diğer tavşanların tırmandığı tepeye tırmanmaya karar verir. Böylece tavşan korkularını yenerek uzun zamandır tırmanmak istediği tepeye tırmanmayı başarır.

Dişlerini göstererek havlayan bir köpekten hepimiz korkarız. Ancak bu korku, sevimli küçük bir köpekte de yaşanıyorsa problem var demektir.

Bizi rahatsız eden korkularımızla sürekli birlikte yaşıyorsak bunlar zamanla büyür ve korkularımıza yenileri eklenir.

Bir korkunun üstesinden gelen bir kişi, diğer korkularını yenmek için de önemli bir referans kazanmış olur.

Yapmamız gereken, neden ve niçin korktuğumuzu bulmak, sorgulamak ve gerekirse bir uzmandan yardım alarak korkunun üzerine gitmektir.

Geçmişte korktuğumuz ve kaygı duyduğumuz birçok şey bugün bize nasıl komik geliyorsa, bugün korktuğumuz ve kaygı duyduğumuz birçok şey de gelecekte bize komik gelecektir.

Kuyuya Düşen Yaşlı Eşek

Bir gün yaşlı bir eşek bir kuyuya düşer. Çıkarmak isteseler de çıkaramazlar. Düşünürler, taşınırlar ve eşeği kurtaramayacaklarını anlarlar.

Hayvanın acı çekmemesi için üzerine toprak atarak onu öldürmeye karar verirler.

Kuyuya toprak atmaya başlarlar, fakat toprak atıldıkça beklenmedik bir şey olur. Eşek atılan toraklarla silkinmeye başlar, o silkindikçe topraklar altına gider ve eşek yükselmeye başlar. Atılan topraklar öyle bir yükselir ki yaşlı eşek onlara basarak kuyudan dışarı çıkmayı başarır.

İnsanlık tarihi boyunca herhangi bir sorunla karşılaşmadan hayatını sürdüren hiç kimse olmamıştır.

Bazı insanlar bu sorunların dışına çıkıp bir çözüm bulmaya çalışırken bazı insanlar ise sorunların içinde kaybolup gitmişlerdir.

Sabahları güneş doğmadan önce bir alaca karanlık olur ve güneş ondan sonra doğar. Her sorunun da mutlaka bir çaresi vardır.

Yapmamız gereken, sorunlarımızın içinde bunalmak yerine, bunlara çözüm getirecek yeni yollar aramaktır.

Güç durumlarda çözüme odaklanmayan kişiler sorunun en büyük parçası olurlar.

Dikkat ve Kararlılık

Bir gün kartal ile çaylak gökyüzünde uçarken kartal, çaylağa kaç yıl ömürlerinin olduğunu sorar. Çaylak, üç yıl diye cevap verir.

Bu kez aynı soruyu çaylak kartala yöneltir. Sizin ömrünüz ne kadar, diye. Kartalın cevabı ise şu şekilde olur: Otuz yıl. Derken çaylak yerde bir yem görür ve var gücüyle yere inmeye hazırlanır. Bu sırada da kartal en yakın tepeden çaylağı seyretmektedir.

Birden yeme doğru giden çaylağın bir ağaca çarptığını ve yaralandığını görür, ancak çaylak buna aldırış etmeden yemine doğru yol almaktadır.

Kartal çaylağın birden gözden kaybolduğunu fark eder ve aşağıya inerek onu aramaya başlar.

Bir de ne görsün, çaylak yemine giderken dikenlerin arasına düştüğünden kan revan içinde yerde yatıyordur. Kartal, çaylağa: "Sana üç yıl bile fazladır" der ve uçmaya devam eder.

Hedeflerimizi belirlerken ilk önce ölçüp, biçip tarttıktan sonra harekete geçmemiz gerekir. Böyle yapmadığımız takdirde ileride büyük sorunlarla karşılaşmamız kaçınılmazdır.

Hedef belirleyip eyleme geçtiğimizde ise dikkatli ve kararlı olmalıyız.

Hedeflerimizi belirlerken önce bir plan yapıp sonra harekete geçer ve eylemlerimiz sırasında dikkatli, kararlı ve azimli olursak gerçekleştiremeyeceğimiz hiçbir şeyin olmadığını görürüz.

Planlı eylemlerin meyveleri, plansız eylemlerin ise pişmanlıkları vardır.

Sabrın Sonu

Bir büyük düşünür şöyle demiştir: "Hayatta bir kediden öğrendiğimi başka hiçbir kimseden öğrenmedim."

Bu büyük düşünürün gördüğü olay şöyle gelişmiştir:

Bir kedi bir farenin peşine takılır. Maksadı ne yapıp edip fareyi yakalamaktır. Fakat kedi fareyi yakalayamaz. Çünkü fare bir deliğe saklanmıştır.

Kedi akşama kadar deliğin başında bekler ve akşam olunca fare delikten çıkar. Bu fırsatı bekleyen kedi farenin üstüne atlayıp onu yakalar ve oracıkta yer.

Bir hedefi gerçekleştirmenin arkasında yatan en önemli duygu sabırdır. Sabır ile yola çıkan daima istediklerine ulaşır.

Sabır bize sadece yaşadığımız an için verilmiş bir nimettir. Sabır nimetini, geçmişte yaşadığımız olayların üzüntülerine, gelecekte yaşayacağımız olayların kaygılarına dağıtırsak yaşadığımız zamana hiçbir şey kalmaz.

Yapmamız gereken, bir hedefe ulaşırken başımıza ne gelirse gelsin çok sabırlı olmak ve o hedefi gerçekleştirene kadar asla vazgeçmemektir.

Zafer sabredenlerindir.

Pumanın Koşusu

Pumalar vahşi kedilerin uzak atalarındandır. Yaklaşık iki metre uzunluğundaki benekli yırtıcı. Birçok özelliği ile ünlüdür bu ormanların harika kedisi. Ama en çok da hızlı ve kıvrak koşusu ile tanınır.

Avının peşine düştüğü andan itibaren giderek hızlanan ve vücudunun tüm eklem ve kaslarını ortaya koyan hareketlerini seyretmek bir zevktir. Bu ölüm koşusu bazen pumanın, bazen ise hayatı için koşan kurbanın zaferi ile sonuçlanır.

Peki, bir puma avının peşinden ne kadar koşar? İşte ormanların vahşi avcısını, uygarlıkların kurucusu insana örnek yapacak olan da pumanın bu özelliğidir. Puma avının peşinden sürdürdüğü "ölüm koşusunu" her zaman avının cüssesine göre ayarlar. Yani bir ceylan ele geçirmek için koştuğu süre ile bir tavşanın peşinde geçirdiği süre asla aynı değildir. Çünkü puma akılı bir hayvandır ve koşarken harcadığı enerji miktarı, avdan elde edeceği potansiyel enerji miktarını aştığı anda puma koşmaktan vazgeçer. Yenilgiyi kabul edip başka av arar. Bu nedenle ceylanın peşinden fazla, tavşanın peşinden çok daha az koşar.

İşte "aptal puma sendromu" bunun tersini yapan insanların ruh halini ifade etmek, yani bir tavşanın peşinden yıllarca koşan, sonrada yakaladığı avı bir öğünde bitiren akılsızlar için kullanılır.

Başarının sırrı pumalıktan, yani harcanan emek, ulaşılan sonuç ilişkisindeki dengeyi iyi saptamaktan geçer.

Emeğimizi boşa harcamayalım, dengeli ve amaca yönelik adımlar atarak istenen başarıyı yakalayalım.

Havuzdaki Köpekbalığı

Japonlar taze balığı hep çok sevmişlerdir. Fakat Japon sahillerinde bol balık bulmak mümkün değildir. Balıkçılar, Japon nüfusunu doyurabilmek için daha büyük tekneler yaptırıp daha uzaklara açıldılar. Balık için uzaklara gidildikçe, geri dönmesi de daha çok vakit alır oldu.

Dönüş bir iki günden daha uzarsa, tutulan balıkların da tazeliği kayboluyordu. Japonlar tazeliği kaybolmuş balığın lezzetini sevmediler. Bu problemi çözebilmek için balıkçılar teknelerine soğuk hava depoları kurdular. Böylece istedikleri kadar uzağa gidip, tuttukları da soğuk hava deposunda dondurulmuş olarak saklayabileceklerdi. Ancak Japon halkı taze ile dondurulmuş balık lezzet farkını hissedebiliyor ve donmuş olanlara fazla para ödemek istemiyordu.

Balıkçılar bu defa teknelerine balık akvaryumları yaptırdılar. Balıklar içeride biraz fazla sıkışacaklardı, hatta birbirlerine çarpa çarpa biraz da aptallaşacaklardı, ama yine de canlı kalabileceklerdi. Japon halkı canlı olmasına rağmen, bu balıkların da lezzet farkını anlayabiliyorlardı.

Hareketsiz, uyuşmuş vaziyette günlerce yol gelen balığın, canlı, diri hareketli taze balığa göre lezzeti yine de etkilenmişti. Balıkçılar nasıl olacak da Japonya'ya taze lezzetli balığı getirebileceklerdi? Japonların taze balık probleminde olduğu gibi çözüm aslında basitti:

Japonlarda balıkları yine teknelerindeki akvaryumlarda tuttular, ancak içine küçük bir de köpekbalığı attılar. Bir miktar balık köpekbalığı tarafından yutulmuştu, ama ötekiler son derece hareketli ve taze kalıyordu.

"İnsan ancak hırs iddiası içinde bulunursa anormal çabalar sarf eder." Ne kadar akıllı, uzman, inatçı iseniz iyi bir probleme uğraşmaktan o kadar zevk alırsınız. Problem sizi ne kadar zorluyorsa ve siz onu adım adım çözebiliyorsanız bundan da o derece mutluluk, heyecan duyarsınız, enerji dolu ve cansız olursunuz.

Problemler çözmek içindir. Problem varsa mutlaka çözümü de vardır. İnsanoğlu her zaman yaratıcıdır ve zaman içinde çözümlerini yaratacaktır. Problemleri belirleyip üzerine gitmek, çözmeyi istemek ve çok çalışmakla problemlerin üstesinden gelecektir.

V. BÖLÜM

ÖĞRENİLMİŞ ÇARESİZLİK

ÖĞRENİLMİŞ ÇARESİZLİK

Doğduğumuz andan itibaren çevremizi etkilemeye başladığımız gibi, çevreden de önemli ölçüde etkileniriz. Yaptıklarımız ya da yapamadıklarımız, başarılarımız ya da başarısızlıklarımız karşısında aileden, yakın çevreden, okulda öğretmen ve arkadaşlarımızdan, toplumdan aldığımız tepkiler ve duyduğumuz sözler, davranışlarımızı şekillendirir. Aldığımız bu geribildirimler ve tepkiler bazen bizi motive eder, güçlendirir, bize cesaret ve enerji verir; bazense kendimize güvenimizi kırar ve hayata karşı umudumuzu, inancımızı sarsabilir.

Kendini geliştirmek ve çaba göstermek yerine başkalarından bekleme eğilimi göstererek, harekete geçemeyen kişi, kendini ve başkalarını suçlama yoluna gidebilir. Bütün olumsuzlukların kaynağını başkalarında arama, kendi gücünü görememe, durumun devam etmesine yol açacaktır. Çaresizlik yaşayan bireyler, bir danışman eşliğinde kendini değerlendirme fırsatı bularak; kendi kontrolünde olan ve olmayan olayları görüp, baş etme yöntemleri geliştirerek, kendi kişisel gelişimine katkıda bulunabilirler.

Beyinlerimizdeki zincirleri fark edebilmek çok önemlidir. Hayat ve koşullar sabit değildir. İnsan gelişime ve değişime açık bir varlıktır.

İnsan çaresizliği öğrenebileceği gibi güçlülüğü de öğrenebilir.

Güçsüz Fil

Bir fil küçük ve güçsüzken ağır bir zincirle hareketsiz bir demir kazığa bağlanır. Hayvan her kaçmaya çalıştığında acılar çeker. Ne kadar çok zorlarsa zorlasın zinciri kıramayıp kazığı yerinden oynatamadığını keşfeder. Çaresizliği öğreninceye kadar bu uygulanır

Sonradan fil ne kadar büyük ve güçlü hâle gelirse gelsin yerde yanı başında duran kazığı gördüğü sürece hareket edemeyeceğine inanmaya devam eder. 5 tonluk bir fil kafasına bağlanan incecik bir ip ve ucunda minicik bir çomakla yere sabitlendiğinde, o asla kaçmaya yeltenmez.

Oysa bir fil, 1 tonluk yükü hortumuyla kolayca kaldırabilir. Özgürlüğüyle arasında sadece zihnindeki öğrenilmiş çaresizliktir onu esir eden.

İçimizde çok büyük bir güç olmasına rağmen birçok insan bunun farkına varamamaktadır.

Yapmamız gereken, bu gücün farkına vararak aşmamız gereken engelleri birer birer aşmaya çalışmaktır.

Gücünün farkında olmayan birinin başarılı olması mümkün değildir.

Zıplayamayan Pireler

Pireler çok yükseğe sıçrayabilen muhteşem hayvanlardır. Bu hayvanlar rahatlıkla çok yükseğe sıçrayabilirler.

Deney yapan bir kişi, ilk önce pireleri içine koyduğu tavanı camla kaplı kavanozun kapağını kapar ve kavanozu alttan ısıtır. Pireler zıplayarak kaçmaya çalışır, 30 cm'lik kavanozun kapağına şiddetle çarparlar ve yere düşerler. Zemin de sıcak olduğu için tekrar zıplar, tekrar cama vururlar.

Birkaç denemeden sonra pireler o kadar yükseğe sıçramaktan vazgeçerler, daha sonra kavanozun kapağı açıldığında bir tek pire bile daha fazla yükseğe atlayamaz kavanozun dışına çıkamaz. Yani artık çaresizliği öğrenmişlerdir. Öğrendikleri çaresizlik nedeniyle var olan yeteneklerini ömürlerinin sonuna kadar kullanamazlar. Köle olarak yaşamaya devam ederler. Özgürlükleriyle aralarında aslında zihinlerinde oluşturduğu cam tavan vardır.

Birçok insan birkaç denemeden sonra hedef ve hayallerinden vazgeçer ve ulaşacakları başarıya asla ulaşamaz.

Yapmamız gereken, her denemeden yeni bir şeyler öğrenmek ve kazandığımız tecrübelerle arzuladığımız sonuca ulaşmaktır.

Asla erteleme, üşenme, vazgeçme.

Aç Kalan Pirana

Bir deniz akvaryumuna, vahşi bir pirana balığı ile uskumru balıkları ve aralarına da bir cam bölme konulur. Pirana balığı uskumrulara saldırmaya başlar, ama aradaki cam bölme buna engel olur. Burnunu defalarca çarptıktan sonra denemekten vazgeçer. Sonra aradaki bölme kaldırılır. Ancak pirana balığı yalnızca bölmenin önceden durduğu yere kadar yüzer ve durur. Bölmenin hâlâ orada olduğunu düşünür. Bir müddet sonra da açlıktan ölür.

İnsanların çoğu bir konuda hedef belirleyip ona ulaşamazsa artık o işi başaramayacağını düşünmeye başlar. Bir daha da hiç denemek istemez.

Bunun psikolojideki adı "öğrenilmiş çaresizlik"tir.

Asıl ilginç olan, insanların içlerinde yatan büyük güçle karşılaşmak yerine, sadece tek bir olayı referans alarak denemekten vazgeçmeleridir.

Bir başarısızlığa uğradığımızda bunun nedenlerini araştırmalı, kullandığımız metodu değiştirerek bir daha, bir daha denemeliyiz.

Çaresizliği öğrenmektense asla vazgeçmemeyi öğrenmeliyiz.

Çaresizlik de başarı da öğrenilebilir, ne yazık ki insanların çoğu çaresizliği öğrenmeyi tercih ederler.

Sardalyeler

Sardalya balıklarının peşine düşen 300 balina çıkamayacakları küçük bir koya girerek orada sıkışırlar ve birer birer ölürler.

Böylece küçük balıklar, denizin devlerini ölüme sürüklemiş olurlar. Balinalar büyük güçlerini önemsiz hedefler uğrunda harcayıp, küçük sardalya balıklarını izleyerek, vahşi sonlarına teslim olurlar.

Hepimizin ulaşmak istedikleri hedefleri ve bu hedeflerin de bir önem sırası vardır.

Akıllı insanlar hedeflerini bir sıraya koyar ve bunların önceliklerini iyi bilirler.

Ancak bu sıralamayı yapamayan kişiler çok önemsiz bir hedef uğruna büyük risklere girebilirler.

Hayatta başarılı olanlar, neyin daha "önemli" neyin daha "önemsiz" olduğunu bilenlerdir.

Aerodinamik

Fizikçiler arılar hakkında bir deney yapmaya karar verirler. Yaban arılarını incelediklerinde, yaban arısının vücudunun büyüklüğü ile kanatları arasındaki ölçümlerle Aerodinamik kanunlarına göre uçmaları imkânsızdır. Bu sorunun cevabını araştırmaya kalkan fizikçiler uzun çalışmalar sonucunda bir cevap bulamazlar. İçlerinden genç bir fizikçi yapılan toplantıda kürsüye çıkar ve şöyle der:

"Yaban arıları aerodinamiğin kanunlarını bilmedikleri için uçabiliyorlar."

Bu cevap üzerine genç fizikçi dakikalarca alkışlanır.

Bir yaşında kendi dengesini koruyup desteksiz yürüyebilen, iki yaşında konuşmaya başlayan bir çocuk ne oluyor da okula başladığında yeteneklerinin çoğunu kullanamaz hâle geliyor?

Aileden ve çevreden aldığı telkinler ona yapabileceklerinden çok yapamayacaklarını öğretiyor. Böylece doğal hâline bırakıldığında her türlü hedefine ulaşabilecek bir çocuk, bu yeteneklerinin farkına bile varamıyor.

Yapmamız gereken, çocuklarımızı daha küçük yaştan yetenekleri doğrultusunda yetiştirmek ve ihtiyaçları olan özgüveni onlara kazandırmaktır.

Uzmanlara her zaman inanmayın. Çünkü çoğu zaman parlak fikirleri baltalayanlar onlardır.

Tırtıllar

Bir grup tırtılın önüne elektronik bir tırtıl ve ortaya da bir tabak sevdikleri yemden koyarlar. Elektronik tırtıl tabağın etrafında dolaşmaya başlar ve diğer tüm tırtıllar onun arkasından dolaşır. Saatler sonra hemen yanı başlarındaki yiyecekleri göremeyen tırtılların hepsi açlıktan ölür.

Bir lider tehlikeleri ve güzellikleri önceden sezen ve takipçilerini uyaran kişidir.

Bize liderlik yapacak kişiyi iyi seçemediğimiz zaman, o kişinin bizi götürdüğü yanlış yola ve bize vereceği zararlara katlanmamız gerekir.

Yapmamız gereken, herhangi bir konuda bize rehberlik edecek kişiyi seçerken çok dikkatli olmak, yeterli bilgi ve beceriye sahip olmadığını anladığımızda onu takip etmekten vazgeçmektir.

Liderimizi modellemek bizi başarıya götürür, tabii eğer liderimizi doğru seçtiysek.

Afrika'da Maymun Avı

Afrika'da maymun avcıları maymunların çok olduğu bir bölgeye giderler ve bir elin ancak girebileceği kavanozlara fındıklar koyarlar. Maymunlar kendilerini izlerken de birkaç fındığı kavanozun dışına çıkarırlar. Sonra da kalan fındıkları kavanozlarda bırakıp giderler.

İnsanları taklit etmeye çalışan maymunlar ise ellerini kavanozun içine daldırırlar; ancak fındıklarla birlikte ellerini dışarı çıkaramazlar. Böylece de maymun avcıları tarafından kolayca yakalanırlar...

Herkesten öğrenebileceğimiz ve modelleyebileceğimiz güzel davranışlar vardır. Ancak bunları yaparken bu davranışın bizim karakterimize uygun olup olmadığını iyi düşünmemiz gerekir.

Körü körüne yapılan bir taklitçilik, bir kişiye hiçbir şey kazandırmadığı gibi, ona büyük zararlar da verebilir.

Yapmamız gereken, birtakım insanların güzel davranışlarını örnek alırken bu davranışların bizim karakterimize uygun olup olmadığını iyice araştırmak ve daha sonra bu davranışı hayatımıza geçirmek olmalıdır.

Modellimiz, bir kişide var olan bir beceriyi kendi hayatımıza geçirmeye çabalamaktır. Taklit ise aynısını yapmaya çalışmaktır. Modelleme yapanlar bir süre sonra o beceriyi daha güzel bir şekilde yapabilirken, taklit yapanlar çoğunlukla hayal kırıklığına uğrarlar.

Sürü Psikolojisi

Genellikle koyunlar sürü hâlinde yaşarlar. Çünkü onlarda sürü psikolojisi hâkimdir. Koyunlardan biri uçurumdan atladığında diğerleri de uçurumdan atlar. Yine böyle bir koyun sürüsü yıllarca sürü hâlinde yaşadıktan sonra, bir gün koyunlardan biri isyan eder ve şöyle söyler: "Sürü psikolojisinden bıktım artık." Az sonra diğer koyunlar da teker teker aynısını tekrar etmeye başlar: "Ben de bıktım...", "Ben de bıktım...".

Bir topluluktaki insanlar bazı davranışları hiç sorgulamadan ve eskiden olduğu gibi hiç değiştirmeden yapıyorlarsa o toplulukta bir "sürü" psikolojisi meydana gelir ve hiçbir gelişme olmaz.

İnsanların ve içinde bulundukları toplulukların ilerlemesi, sorgulayan ve yeniliklere açık insanlar sayesinde olur.

Yapmamız gereken, tek başımıza kalsak da herkesin yaptığını değil, doğru olduğuna inandığımız düşüncelerin ardından gitmektir.

İnsanların çoğu yönlendirilmeye açıktır. Hayalleri olanlar ve yaşadıklarının farkında olanlar hariç.

Umutlar Tükenince

Anadolu'da bir oyun vardır. Oyun için bir daire çizilir ve dairenin ortasına bir akrep konur. Sonra dairenin etrafına çember şeklinde gaz dökülür. Akrep ortadadır ve gaz ateşlendiği zaman akrep birden kendini bir ateş çemberinin içinde bulur. Kaçmak için sağa gider, sola gider ve en sonunda çemberden çıkamayacağını anlayınca, kendisini sokarak öldürür.

Bir insan umutları olduğu sürece yaşamaktan zevk alır. Umutları tükenmiş bir insanın artık hayatta bir gayesi kalmamıştır.

Hayalleri ve hedefleri olan insanlar her zaman daha mutlu ve daha başarılıdır.

Her güne yeni umutlarla başlayan ve her sabah kalktığında yeni fırsatlar peşinde koşan insanlar dolu dolu bir hayat yaşarlar.

Umut insanlara dağları deldiren kocaman bir matkaptır.

Hayvanat Bahçesindeki Deve

Genç deve annesine sormuş:

"Anne neden bizim ayaklarımız bu kadar büyük?"

Anne cevap vermiş:

"Çölde kuma batmamak için. "

Genç deve tekrar sormuş:

"Peki, kirpiklerimiz niye bu kadar gür?"

Anne tekrar cevap vermiş:

"Çölde kum fırtınalarında gözümüze kum kaçmasın diye."

Merakı yatışmamış olan genç deve bir soru daha sormuş:

"Bizim niye hörgüçlerimiz var?" Anne deve sabırla yanıtlamış:

"Çölde çok uzun süre susuz idare edebilmek için, suyu hörgüçlerimizde depolarız."

Sonunda dayanamayan genç deve sormuş: "Peki, anne biz hayvanat bahçesinde ne yapıyoruz?"

İnsanların çoğu yeteneklerinin çok azını kullanarak, maddi ve manevi olarak yaşamaları gereken hayatın çok altındaki standartlarda hayatlarını sürdürüyorlar.

Bu kişiler hayatta gelebilecekleri yerin farkında olmadan âdeta bir kafesin içinde hayatlarını devam ettiriyorlar.

Yapmamız gereken, yeteneklerimizin ve yapabileceklerimizin farkına vararak, hedeflerimize nasıl ulaşabileceğimizi sorgulamak ve bu hedeflere ulaşmak için var gücümüzle ve sabırla çalışmaktır.

İnsanlar kendilerinde olan güçle neler başarabileceklerini bilselerdi, dünya bugünkünden çok farklı bir konumda olurdu.

İpek Böcekleri

İpek böcekleri kozalarının içinde birer tırtılken dışarı çıkabilmek için haftalarca gece gündüz çalışırlar. Minik tırtıllar için demirden daha sert olan kozalaklarını delmek çok zordur. Bunu gören bilim adamları onların zorlanmadan, daha kolay bir şekilde kozalarından çıkmaları için kozaların üzerine küçük bir delik açarlar. Böylece ipek böcekleri, çok daha kolay bir şekilde dışarı çıkmayı başarırlar. Fakat aynı bilim adamları, kozalarını yırtmalarına yardım ettikleri kelebeklerin bir süre sonra aniden düşüp öldüklerini tespit ederler. Yaptıkları araştırma sonucunda ipek böceklerinin kozalarını yırtmaya çalışırken aslında kaslarını geliştirdiklerini anlarlar. Kendilerine yardım edilen ipek böcekleri kaslarını yeteri kadar geliştiremedikleri için hayatta kalacak gücü kendilerinde bulamazlar ve kısa bir süre sonra düşerek ölürler.

Hayatta başımıza gelen her türlü sorun aslında bizi geliştiren ve büyüten bir fırsattır.

Küçüklüğünden itibaren büyük zorluklarla mücadele ederek büyüyen bir çocuk hayatta çok başarılı olurken hiçbir sorumluluk almadan büyüyen bir çocuk her zaman başarısız olmaya mahkûmdur.

Çocuklarımızı, zorlukların üstesinden gelecek şekilde ve sorumluluklar vererek yetiştirdiğimizde onların her zaman daha başarılı ve daha mutlu olacaklarını unutmamalıyız.

Her sorun bir fırsattır.

Beş maymun Hikâyesi

Kafese beş maymun koyarlar. Ortaya bir merdiven, tepesine de iple muzları asarlar. Her bir maymun merdivenleri çıkarak muzlara ulaşmak istediğinde dışarıdan üzerine soğuk su sıkarlar. Bütün maymunlar bu denemeler sonunda sırılsıklam olur. Bir süre sonra muzlara doğru hareket eden maymunlar diğerleri tarafından engellenmeye başlanır.

Suyu kapatıp maymunlardan biri dışarı alınıp yerine yeni bir maymun koyulur. İlk yaptığı iş muzlara ulaşmak için merdivene tırmanmak olur fakat diğer dört maymun buna izin vermez ve yeni maymunu döverler. Daha sonra ıslanmış maymunlardan biri daha yeni bir maymunla değiştirilir ve merdivene ilk yaptığı atakta dayak yer. Bu ikinci yeni maymunu en şiddetli ve istekli döven ilk yeni maymundur. Islak maymunlardan üçüncüsü de değiştirilir. En yeni gelen maymun da ilk atağında cezalandırılır.

Diğer dört maymunun da yeni gelen ikisinin en yeni gelen maymunu niye dövdükleri konusunda hiçbir fikirleri yoktur. Son olarak en baştaki ıslanan maymunların dördüncüsü ve beşincisi de yenileri ile değiştirilir. Tepelerinde bir salkım muz asılı olduğu halde artık hiçbiri merdivene yaklaşmamaktadır.

Neden mi? Çünkü burada işler böyle gelmiş ve böyle gitmelidir.

Sisteme koşulsuz uymak yerine, işleri daha verimli yapabilmek ve daha iyi sonuçlara ulaşmak adına sürekli yeni fikirler üretmeli. Yılmayalım, değişime devam edelim.

VI. BÖLÜM

LİDERLİK VE TAKIM RUHU

LİDERLİK VE TAKIM RUHU

Aynı hedefler, değerler ve çalışma anlayışı çevresinde buluşan kişiler arasında büyük bir bağ oluşur. Bu bağ aile ve sosyal hayatta başarı ve mutluluğu getirir.

Hayatta başarı "ben" değil "biz" anlayışının ortaya çıkması sonucu oluşur.

Doğru ve sürekli iletişim biz olmanın temelidir. Başarı doğru iletişim ile elde edilir. Aynı hedef için bir araya gelmiş kişiler, doğru iletişimi kurmak için bir lidere ihtiyaç duyar.

Bir araya gelmiş kişiler arasında iletişim sorunları varsa bunun nedenleri lider tarafından sorgulanmalı ve çözümlenmelidir. Yoksa zamanla kişiler arasında anlaşmazlıklar oluşur ve lider yönlendirme yapmakta zorlanabilir.

Ulaşılmak istenen hedefler için kolektif şekilde hareket etmek ve başarıya odaklanmak ancak iyi bir lider ve güçlü bağlarla gerçekleşir. Bu nedenle bir lider ne istediğini bilmeli ve hedefe giderken insanları da beraberinde götürmelidir.

İnsanlar arasındaki güçlü bağlar ve iyi bir lider başarının anahtarıdır.

Kervan

Tüm hayatını ticaret yaparak geçiren bir deve tüccarı yaşlanır. Tanıdığı herkesten helallik istemeye karar verir ve herkese teker teker gider.

Sıra en son uzun yıllar beraber çalıştığı develerine gelir. Onlara der ki: "sizinle sağa sola gittik, çölleri aştık, geceler gündüzler, aylar yıllar geçirdik. Lütfen bana hakkınızı helal edin" der.

Develer "Bunların hiçbiri problem değil bunlarla ilgili hakkımız helal olsun, ancak bir şey var ki o konuda hakkımızı helal etmeyiz.

Adam şaşırır ve bunun ne olduğunu sorar. Develer şöyle cevap verir:

"Hani her yola çıkışımızda önümüze bir eşek koyardın ya işte bu konuda hakkımızı helal etmiyoruz!"

Eğer bir grubun başındaki kişi liderlik becerilerinden yoksunsa o grupta hep problem yaşanır. Lider bir gruptaki en esnek ve en becerikli kişi olmalıdır.

Birlikten Kuvvet Doğar

Avcının biri kuşlar için tuzak hazırlamış, üzerine taneler serpmiş ve bir kenara gizlenerek beklemeye başlamış. Bu sırada da gökyüzünde bir güvercin sürüsü belirmiş.

Güvercinlerin lideri, taneleri görünce, arkadaşlarını taneleri yemeleri için yere indirmiş. Fakat birden ne olduğunu anlayamadan tuzağın içinde kalmışlar.

Bütün güvercinlerle lider güvercin çırpınmaya başlamış ve büyük bir kargaşa olmuş.

Birden güvercinlerin lideri şöyle seslenmiş: "Derdinize çare ararken aranızdaki birliği ve dayanışmayı bozmayın, hiçbirinizin canı arkadaşlarınızın canından daha değerli olmamalı. Hepimiz birbirimizle yardımlaşmalı ve tek bir kuş gibi uçmalıyız. Bu sayede her birimiz, birbirimizin sayesinde kurtulmuş olacak."

Bunun üzerine güvercinler liderin emriyle hep birlikte kanat çırpmış ve üstlerini örten ağla birlikte havalanmışlar. Ağın havalanmasıyla da hep birlikte kurtulmuşlar.

Bazı aileler ve topluluklar bir liderin çevresinde toplanmış bir hâlde, ona bağlı ve dayanışma içinde hedeflerine doğru ilerlerler.

Liderin becerisi ve grup içindeki dayanışma ruhu onlara tüm yaşantıları boyunca mutluluk ve başarı getirir.

Yapılması gereken, bir ailede ve bir kurumda becerikli bir lider eşliğinde güven ve dayanışmayı sağlamaktır.

Bir grubun başarısındaki en büyük pay o grubun liderine aittir.

Kaplanların Toplantısı

Bir gün lider kaplan bütün kaplanları bir araya çağırarak bir toplantı yapar. Toplantı sırasında genç kaplanlardan biri söz alarak, son zamanlarda işlerin yolunda gitmediğini, her şeyin karıştığını, düzenin bozulduğunu ve artık baştakilerin düzeni sağlayamadığını söyler. Gruptan itiraz sesleri yükselince kızarak:

"Buradaki kaplanların yarısı eşektir" der. Yaşlı kaplanlar buna çok sinirlenir ve genç kaplanlardan kürsüye çıkıp sözünü geri almasını isterler. Genç kaplan tekrar kürsüye çıkar ve:

"Özür dilerim, buradaki kaplanların yarısı eşek değildir" der ve kürsüden iner.

Bulunduğumuz toplumda kötü giden bazı durumlara cesaretle karşı koymalıyız.

Ancak bunu yaparken akıllıca davranmalı ve zor durumlara düştüğümüzde bu durumdan kurtulmanın yollarını bilmeliyiz.

İnsanları yerlerinden hoplatacak sözleri söylemeden önce iyice düşünün.

Kral Maymun

Ormanlar kralı aslan çok yorulmuştur ve bir süre dinlenmeye karar verir. Bu sebeple, yerine birini tayin etmesi gerekir. Düşünür, taşınır ve maymuna kendisi dönene kadar yerine geçmesini söyler.

Daha sonra maymunu ormandaki bütün hayvanlara tanıtmak için üst üste üç kez toplantı yapar. Bu toplantılar sonunda bütün hayvanlar maymunun geçici krallığını tasdik ederler.

Aslan dinlenmek için gittiğinde bizim maymun ormanda kral gibi dolaşmaya başlar ve ormanda her önüne gelene hesap sorar. Önce kurda rastlar ve sorar, "Bugün ne avladın?"

Kurt, "Bugün bir ceylan avladım efendim" der. Ardından tilkiye rastlar, ona da hesap sorar.

Tilki, "Ben de tavşan avladım efendim" der.

Maymun ormanda ilerlerken ayıya rastlar ve ona da hesap sormaya kalkar. Ayı maymuna sinirlenerek, ona bir pençe atar. Maymun neye uğradığını şaşırır. Çünkü ayı onu 10 m öteye fırlatmıştır ve kan revan içindedir. O hâlde yerden kalkar ve üstünü başını silkeleyerek, "Bütün kabahat şu aslanda. Bir türlü şu aptal ayıyı toplantılara getiremedi" der.

Yöneticinin ya da liderin görevi bir toplumda, bir kurumda ya da ailede düzeni sağlamaktır.

Bunu yaparken en çok dikkat etmesi gereken nokta, yardımcılarını ve ekibini iyi seçmek ve onları yetiştirmektir.

Bu seçim iyi yapılamadığı takdirde düzen bozulur.

Bir liderin en önemli görevi, birlikte çalışacağı kişileri özenle seçmesidir.

Azmin Zaferi

Timurlenk bir savaşta kaybeder ve düşmandan kaçarken bir mağaraya sığınır. Orada, "Benim için her şey bitti artık" diye kara kara düşünmeye başlar. Derken Timurlenk'in gözü mağarada bulunan bir karıncaya takılır. Karınca bir parça ekmeği alır ve duvara tırmanmaya çalışır. Fakat her seferinde düşer. Bıkmadan usanmadan karınca on iki defa dener ve on üçüncü denemesinde duvara tırmanmayı başarır.

Bu olayı gören Timurlenk karıncadan büyük bir ilham alır ve bütün gücünü toplayarak mağaradan dışarı çıkar. Ordusunu etrafına toplar ve askerlerini motive ederek yeniden savaşa hazır hâle getirir. Bu motivasyonla savaşa başlayan Timurlenk ve ordusu savaşı kazanır.

Her birimizin hayatını etkileyen bir kelime, bir söz veya bir olay vardır.

Önemli olan etrafımızdaki bu olayların farkında olmak ve onlardan ders çıkarmaktır.

Eğer etrafımıza biraz daha dikkatle bakarsak, bizi başarıya ve mutluluğa götürecek birçok ilham kaynağı görebiliriz.

Tehlikeli Olanlar ve Zararsızlar

Ormanda yeni doğmuş bir grup sinek, liderlerini dinliyormuş. Liderleri onlara, ormanda neyin tehlikeli olup neyin tehlikeli olmadığını anlatıyormuş. Lider şöyle demiş:

"Örümcek bizim için en tehlikeli hayvandır. Çünkü ağlarını göremezsiniz. Çok dikkat etmelisiniz."

Tüm yavrular, liderinin etrafında onu dikkatle dinlerken ormandan gök gürültüsüne benzer bir kükreme sesi gelmiş. Yavrular çok korkmuş. Liderlerine:

"Bu nedir?" demişler. Sineklerin lideri gülmüş ve şöyle demiş:

"Merak etmeyin. O, aslan denen zararsız bir hayvandır."

Hayatta birtakım insanlar için önemli olan şeyler bazı insanlar için önemsiz olabilir.

Örneğin; kutuplarda yaşayan bir Eskimo için on iki çeşit buz varken, sıcak iklimde yaşayan insanlar için sadece tek çeşit buz vardır.

Herkesin yaşantısı ve önem verdiği şeyler farklıdır. Karşımızdaki kişileri iyi tanıyıp onlar için neyin önemli, neyin önemsiz olduğunu tespit edebilirsek, ilişkilerimizi daha düzgün bir şekilde sürdürebiliriz.

Olaylara karşı insanların tepkileri çok farklıdır. Bir insanın hayatını karartan bir olay, bir diğerinin hayatını değiştirebilir.

Aslan Payı

Bir gün bir aslan, bir kurt ve bir tilki birlikte avlanmak üzere sözleşerek dağlarda dolaşmaya başladılar. Birbirlerine yardım edecek, bol bol av hayvanı yakalayacaklardı.

Gerçi bu iş aslanın ağrına gidiyor, onlarla avlanmaktan utanıyordu, lâkin sabrediyordu.

Üçü birden dolaşarak uzun süre avlandılar. Dolaşarak bir su başına geldiler, çok gezinmiş ve yorulmuşlardı. Oturdular. Aslan:

"Ey kurt bu avladığımız hayvanları adaletli bir şekilde paylaştır, adaleti yeniden ihya et" dedi.

Kurt kalktı, kendinden son derece emin adımlarla yürüdü. Yaban öküzünü aldı, aslanın önüne bıraktı:

"Siz bizim efendimizsiniz, ayrıca yaban öküzü de büyük iri siz de; onun için yaban öküzü sizin hakkınız.

Keçi orta boydan orta irilikte, onun için o da bana düşer. Onu da ben alıyorum.

En küçüğümüz tilki olduğuna göre tavşan da onun hakkıdır" dedi.

Bu paylaştırma karşısında aslan kızarak kükredi: "Ey kurt, ben iyice anlamadım, bir daha söyle bakayım, ne dedin? Ey kendini bilmez eşek, yaklaş bakalım" dedi ve bir pençe vurarak kurdu parçaladı ve tilkiye dönerek:

"Ey tilki, bu avları sen adaletli bir şekilde paylaştır" dedi.

Tilki önce aslanın önünde eğildi, sonra, "Bu semiz öküz siz efendimizin kuşluk yemeği, bunu kuşluk vakti yersiniz.

Keçi siz büyük kralımızın öğle yemeği için güzel bir yahni olur. Onu da öğle vakti yersiniz.

Tavşana gelince, o da size akşam yemeği olur. Onu akşam afiyetle yersiniz" dedi.

Aslan sevinerek haykırdı:

" Ey tilki, çok adil davrandın. Çok güzel bir şekilde pay etme işini hallettin. Söyle bakalım, böylesine güzel pay etmeyi kimden öğrendin?"

Tilki fark ettirmeden her ihtimale karşı birkaç adım uzaklaştıktan sonra kurnaz kurnaz gülerek cevap verdi:

"Kurdun başına gelenlerden."

Hayat her şeyi deneme yanılma ile öğrenemeyeceğimiz kadar kısadır.

Kendi yaşadığımız veya başkalarının yaşamış olduğu olaylardan ders almamız gerekir. Bunu yapmadığımız takdirde başımız dertten kurtulmaz.

Eğer bir olaya tepki vereceksek, bunun sonuçlarını önceden düşünmeliyiz.

Yapmamız gereken, okuduğumuz, öğrendiğimiz ya da gözlemlediğimiz her olaydan ders alarak hayatımızı sürdürmektir.

Sobaya değince elimizin yanacağını anlamak için sobaya elimizi sürmemiz gerekmez.

Kuyrukları Bağlı Dört Fare

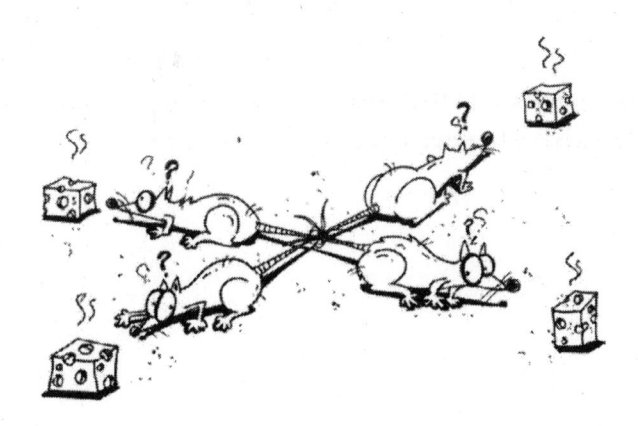

Bir deneyde dört farenin kuyruklarını birbirlerine bağlarlar ve bunları bir odanın ortasına bırakırlar. Odanın dört köşesine de birer parça peynir koyarlar. İlk olarak fareler her biri kendi köşesindeki peyniri yemek için harekete geçer, ama hiçbiri hedefine ulaşamaz; çünkü kuyrukları birbirine bağlıdır. Daha sonra birlikte hareket etmeye karar verirler ve hep birlikte peynirleri teker teker yerler.

Bir toplulukta kişiler arası kısır çekişmeler varsa ve kişiler birlikte hedefe ulaşmak yerine birbirleriyle uğraşıyorlarsa, o topluluğun ya da kurumun hedefine ulaşması mümkün değildir.

Birlikte hareket eden ve birimiz hepimiz, hepimiz birimiz düşüncesini benimseyen kişilerden meydana gelen aile veya kurumlar her zaman daha başarılıdırlar.

Bir aile veya kurum olarak amacımız, kısır çekişmeleri bir kenara bırakarak ve ekip ruhunu sağlayarak hedeflerimizi gerçekleştirme yolunda hızla ilerlemek olmalıdır.

Birlikte hareket eden insanların sinerjisi, tek başına hareket eden kişilerin enerjisinden çok büyüktür.

Yaban Kazlarının Göç Stratejileri

Yaban kazları çok uzun mesafeler aşarak göç eden kuşlardır. Onların göç stratejilerini yakından izlerseniz liderlik, ekip ruhu, takım çalışması ve dayanışma konusunda çok önemli dersler alırsınız.

Yaban Kazlarının Göç Stratejileri:

1. Yaban kazları V şeklinde uçarlarken öndeki kazların kanat çırpması sonucu arkaya doğru giden hava akımı arkadaki kazların çok rahat uçmasını sağlar. Böylece tek başlarına gidebilecekleri mesafeden % 75 daha fazla giderler.

Sonuç: **Kişilerin aynı gaye için bir araya gelerek oluşturdukları sinerji, her birinin hedefine daha rahat ulaşmasını sağlar.**

2. Kazlardan biri gruptan ayrılırsa karşılaştığı hava akımının direnci sonucu derhal geri döner ve sürüye katılır.

Sonuç: **Bütün büyük başarılara bireysel değil, birlikte ulaşılır.**

3. Öndeki kazlar çok kanat çırpmak zorunda olduklarından yorulurlar. Arkadakiler ise çığlık çığlığa bağırarak onları motive eder ve cesaretlendirirler.

Sonuç: **Birlikte yapılan işlerde herkes üzerine düşen sorumluluğu yerine getirmelidir.**

4. Kazlardan biri hastalanır veya vurularak yere düşerse, derhal iki yaban kazı daha onunla birlikte yere iner ve iyileşene ya da ölene kadar başında bekler. Daha sonra ya sürüye yetişir veya kendi aralarında V şeklinde uçarlar.

Sonuç: **Bir ekip içinde yardımlaşma ve dayanışma ne kadar çoksa, o ekip o kadar başarılı olur.**

5. Ön tarafta çok fazla kanat çırpan lider kazlar yorulunca arkaya geçerler ve arkadakilerle yer değiştirirler.

Sonuç: **Başarılı ekiplerde liderlik ve sorumluluk zaman zaman paylaşılır.**

Bir ekipte anlaşma, dayanışma ve yardımlaşma varsa o ekipte başarıdan söz edebiliriz.

Yapmamız gereken, insanlara kaz kafalı demekten vazgeçmek ve yaban kazlarından öğrendiğimiz ekip çalışması ve dayanışmayı iş, aile ve sosyal hayatımızda uygulamak olmalıdır.

OĞUZ SAYGIN

7 DÜŞÜNCE BECERİSİ

Mantıksal Düşünce

Esnek Düşünce

Eleştirel Düşünce

Etik Düşünce

Sosyal Düşünce

Sıra dışı Düşünce

Stratejik Düşünce

Bilgi, düşüncenin kaynağı ve en büyük dostu iken, şimdi en büyük rakibi oldu. 20. yüzyıl bilgi çağı olarak adlandırıldı. 21. yüzyıl ise bilgiyi kullanma ve üretme çağıdır. Bu yüzden okul ve iş yaşamında bilgi yükleme yerine, bilgiyi üretmeyi ve kullanmayı amaçlayan eğitim programları geliştirilmelidir. Oğuz Saygın'ın eğitimcilik hayatındaki 40 yıllık deneyimlerinin sonucu olarak ortaya çıkan 7 Düşünce Becerisi; aile, eğitim, sosyal ve kariyer hayatınızda sizleri başarı ve mutluluğa ulaştırmayı hedefleyen bir sistemdir. Elinizdeki bu kitap, düşünce haritaları, öyküler ve uygulamalarla düşünce becerilerinizi geliştirecek, farkındalığınızı arttıracak ve size yeni bakış açıları kazandıracaktır.